# EPISODIOS

*Compilación de varios autores*

TOMO UNO

Siembra Maestra

**Episodios - Siembra Maestra**
Por varios autores

ISBN: 978-1-64142-021-1

Publicado por
Editorial RENUEVO

www.EditorialRenuevo.com
info@EditorialRenuevo.com

# Contenido

Prólogo: Sobre la siembra      7

**PARTE 1: SEMILLAS DE BIENESTAR**      **9**
    **Sin saber** - Jorge Ian Barrera      11
    **Tirado en la banqueta** - Jonathan Espino      15
    **El corral y mi portería** - Pedro Adame      19
    **¡Cada segundo cuenta!** - Gerardo Gerwert      21
    **El 10% más** - Flor Jasso      23
    **La carrera de la vida** - Ángel Aguado      27
    **Pescando la paz** - Adriana Ramírez      31
    **Hombro a hombro** - Isabel Deval      33
    **Los mil metros cuadrados** - Alicia Hurtado      41
    **Justo a tiempo** - Berenice Sosa      43

**PARTE 2: SEMILLAS DE MEJORAMIENTO**      **45**
    **No dejes de mirar al cielo** - Karina Barrera      47
    **De la tierra a los libros** - Carlos Calderón      51
    **El resurgir del fénix** - Luis Ruiz      53
    **Una milla más** - Sonia De León      55
    **La montaña de aprendizaje** - María Isabel Lagunas      57
    **El traje reducido** - Héctor Ramírez      59
    **Corazón de piedra** - Eduardo Fernández      61
    **Kinder de ilusiones** - Rosalía Sánchez      63
    **Un valioso secreto** - Norma Sandoval      65
    **El mayor obstáculo** - Samuel Jacobo      69

**PARTE 3: SEMILLAS DE APRENDIZAJE Y ENTENDIMIENTO**      **73**
    **Es tiempo de aprender** - José Arturo Arroyo      75
    **Viendo la tenacidad** - Edilia Barrera      77
    **El ejemplo de papá** - Hilda De La Torre      79
    **La portada del libro** - Marco Mendoza      81
    **El extraterrestre en la Tierra** - Maribel Ávila      83
    **Frente a los jueces** - Monse González      85
    **Virus inyectado** - Emilio Montenegro      87
    **Venciendo el miedo** - Manuel Pineda      89
    **Mentes oxidadas** - Francisco Álvarez      91
    **A cualquiera le puede pasar esto** - Ricardo Zermeño      95

**PARTE 4: SEMILLAS DE PROSPERIDAD**      **97**
    **Cambio de mente** - Palmira Arroyo      99
    **La persona en el espejo** - Gonzalo Ramos      101
    **Víctima o vencedor** - Mariela Castillo      103
    **Rompe la rutina** - Alberto García      105
    **Regalos vacíos** - Mirna Mendoza      107

**La rana saltó** - José Ávila     109
**Rascándole a la cazuela** - Fernando Olivares     111
**Sacrificio de hoy, bendición del mañana** - Ricardo Zermeño     115
**La celebración oportuna** - María Aguado     119
**Sobreviviendo** - David Ortiz     121

**PARTE 5: SEMILLAS DE HUMILDAD Y BONDAD**     **125**
**Descubriendo un espíritu de ayuda** - Yolanda Carretero     127
**Acepté las trece franjas** - Elva Bueno     129
**La pelirroja perdida** - Marie Serna     131
**De pies para arriba** - Ángel Sosa     133
**Corazón mojado** - Claudia Zermeño     135
**Mangas amarillas** - Yesenia Fernández     137
**Tanto brincó, que arrancó** - María S. Martínez     139
**Disipando el miedo** - Juan Sánchez     141
**En sus zapatos** - Julia Calderón     145
**Obstáculos superados** - María Arteaga     149

**PARTE 6: SEMILLAS DE AMOR**     **151**
**Mientras aprenden a volar** - Elvia Adame     153
**De generación en generación** - Aveline García     155
**Dentro de ti** - Alma Moreno     159
**Cartas de amor** - Beatriz García     161
**Agarrando el sartén por el mango** - Lorena Gómez     163
**¡Zaz! La licuadora** - Carmen Arellano     165
**Conexión familiar** - Johana Puentes     167
**La regla de oro** - Bernabé Lagunas     169
**Desfile de la libertad** - Marie Serna     171
**El regreso a casa** - Nieves Rufino     173

**PARTE 7: SEMILLAS DE FORTALEZA**     **175**
**La decisión más difícil** - Freddy De León     177
**Un milagro divino** - Eduardo Fernández     179
**La ventana de la fe** - Miriam Ortega     181
**Un regalo de Dios** - Ricardo Sandoval     185
**Tira la basura** - Laura Sánchez     189
**Casa en llamas** - Norma Rodríguez     193
**El comienzo de un camino** - Manuel Aguirre     197
**La niña y la mochila** - María Jackson     201
**La recompensa magnánima** - Elvira Cortez     203
**De tragedia a bendición** - Max Bueno     205

En conclusión     207

# Prólogo: Sobre la siembra

Cada persona es como un gran jardín en donde han sido sembradas muchas semillas que han dado fruto. La semilla representa cada experiencia o situación que has pasado en tu vida, que, aunque no lo hayas percibido hasta ahora, ha cumplido con un propósito de aprendizaje para ti. No se trata de una siembra cualquiera, pues detrás de cada historia hay una influencia divina dirigida por una Mente Maestra.

Por obra de Dios hemos tenido el privilegio de realizar un taller de escritura en el cual muchas personas abrieron su corazón para buscar episodios de su vida que han sido como las semillas que crecen y dan fruto. Por medio de un taller ordinario se ha realizado una compilación de episodios extraordinarios en diferentes etapas y áreas de la vida de cada autor. Lo que hace que cada episodio sea extraordinario no es simplemente haberlo vivido, sino tener la capacidad de sacar la enseñanza que ha dejado el poder vivir ese momento, muy independiente a que haya sido una situación que trajo dolor, tristeza, temor, alegría o gozo; lo importante es haber aprendido de ella.

Nuestras experiencias pueden alumbrar a muchos si estamos dispuestos a compartirlas. Es por eso que los valientes autores de este libro han aceptado el privilegio de compartir con otros el fruto de la Siembra Maestra, pues una siembra no es exitosa con tan solo una semilla, es por eso que lo que hace especial a este libro es la unión de muchas semillas, de muchos episodios, de muchos valientes, y por consiguiente de muchas enseñanzas para nuestro diario vivir.

Al leer las páginas de este libro deseamos que tú recuerdes esos episodios de tu vida donde Dios sembró, esos momentos por los cuales pasaste, que te enseñaron y te han hecho la persona que eres hoy. Atrévete a buscar en el jardín de tu vida esas semillas que han dado fruto, que no solo serán de alimento para tu ser sino de bendición y beneficio para muchos. Recuerda, que tus vivencias son enseñanza para otros. *«Nadie enciende una lámpara para esconderla, o para ponerla debajo de un cajón. Todo lo contrario: se pone en un lugar alto, para que alumbre a todos los que entran en la casa».* (Lucas 11.33 TLA)

# Parte 1
## Semillas de Bienestar

# Sin saber

Nunca pensé que en esa mañana iba a tener una de las lecciones más importantes de mi vida. Era un día laboral común. Me desperté a las 8:00 a.m. con el despertador de mi teléfono y le puse cinco minutos más para seguir durmiendo. Vuelve a sonar esa alarma y me digo unos «cinco más». Sonó otra vez y corrí a bañarme a toda velocidad.

Bajé de las escaleras y vi a mi mamá cocinando el desayuno. Cada vez que me acercaba hacia mi mamá podía oler ese buen sazón de unos chilaquiles, huevos estrellados arriba de los chilaquiles y su carne asada.

Me dijo, «Come antes de irte».

Sabiendo que iba tarde al trabajo me senté a desayunar.

No me podía perder algo tan rico, me dije.

Me miró de arriba hacia abajo y me gritó, «Saíd, ¿por qué no te cambias en el taller? Vas bien mugroso y vas a llenar mis muebles de grasa».

No le respondí nada; sólo me reí.

Siguió mi mamá. «Saíd, quítate esa ropa y ponte algo más para que no ensucies mis sillas.»

Ya no me pareció tan gracioso porque me lo dijo con más firmeza. Le contesté, «Mamá, es que no me quiero cambiar en el taller, todo está a la vista y no quiero que vean mi panza».

Mi mamá me contestó bruscamente, «Ay Saíd, de qué estás hablando, vete a cambiar para que comas».

En ese momento creo que mi mamá sospechó lo que estaba pasando conmigo. Me puso el plato de chilaquiles frente a mí y me dijo, «Come».

Nunca habíamos tenido mucha comunicación debido a la vida que llevábamos tan rápida hasta ese momento. Ella se sentó conmigo y preguntó, «Saíd, ¿por qué no quieres quitarte la camisa y que te vean?».

Fue algo rápido que le contesté, «No quiero que nadie me vea sin camisa; me da pena».

«¿Qué te da pena, Saíd?», me preguntó confundida. Ella había visto cómo fue todo mi proceso de bebé. Es por eso que no entendía cómo me sentía, así que vio la necesidad de explicarme todo lo que marcó mi infancia.

Comenzó diciendo, «Saíd, tú eres un milagro». Me quedé sorprendido por ese comentario.

Siguió contándome, «Saíd, cuando naciste y la doctora te puso en mis brazos para que te diera de comer por primera vez, vi cómo te empezabas a ahogar. Desesperada le pregunté a la enfermera qué le pasaba a mi bebé. La enfermera sólo me dijo groseramente que si no sabía lo que eran flemas. Yo sabía que ese no era el caso porque ya eras mi tercer hijo y yo también era enfermera; me daba una idea de que no era normal.»

En ese momento mi mamá tenía mi atención total; hasta se me había olvidado el trabajo. Seguí escuchando.

«Como por instinto me senté y te puse en mi hombro a dormir. Si no hubiera hecho eso fueras de los bebés que fallecen en su sueño. Empecé a buscar información porque sabía que algo andaba mal, por lo cual, todas las noches dormías en mis brazos sentado. Días después te llevamos con unos especialistas en la ciudad de México, Distrito Federal. Ahí nos dijeron que tenías una alteración del mecanismo de la deglución.»

Le pregunté, «¿Qué es eso?»

«Cuando naces sin el fondo del estómago y no puedes retener alimentos y por eso todo se te iba a los pulmones.»

Estaba realmente sorprendido con todo lo que estaba escuchando.

Mamá siguió hablando. «Todos los días estábamos buscando la mejor solución porque yo sabía que mi hijo estaba bien, sólo debía buscar los médicos correctos. Tu papá empezó a trabajar más tiempo como taxista porque tus tratamientos y tus aparatos para darte de comer eran costosos. Pasó el tiempo y nos indicaron que como ya tenías cinco años de edad, estabas listo para una operación que consistía en restaurar bien tu estómago.

»La operación fue complicada y te costó regresar en la recuperación. El doctor me pidió que llevara una tarjeta que tenía música navideña que te gustaba escuchar para ver si al escuchar la música tú regresabas. Al momento que la abrí, tus ojos se abrieron. Lloré de alegría al verte despierto. Después de esa operación pasaron dos largos años para que pudieras comer por la boca. Dos años donde paciente y amorosamente tuvimos que alimentarte por medio de una sonda.»

Se quedó callada por un segundo y dijo, «Saíd, lo que te quiero decir es que gracias a que tienes esas cicatrices en el estómago, estás vivo. Es tu marca de supervivencia. Eres un milagro, Saíd, y no tienes porqué estar avergonzado. Debes de estar orgulloso ya que eres un guerrero, gracias a eso estás aquí comiendo chilaquiles.»

En ese momento empecé a llorar. Agradecí y valoré todo lo que mis padres llegaron a hacer con tal de darme una oportunidad de vivir. Superé la pena y vergüenza de mi cicatriz. En ese momento, me dio risa por lo de los chilaquiles, pero sabía que el esfuerzo de mis padres y de mis dos hermanos mayores, no se iba a quedar en vano.

Ahora cuando me quito la camisa no me da vergüenza, más bien, es un recuerdo para honrar a Dios y valorar el esfuerzo de mis padres. A través de la conversación con mi madre aprendí a aceptarme. Me di cuenta que esta vida tiene un gran propósito para mí. Soy un testimonio de la gracia de Dios. Los complejos físicos no son buenos para nuestra salud mental, ni emocional. Amémonos, y valorémonos tal como somos.

¡Tú vales mucho, respétate y respetemos a los demás!

*Jorge Ian Barrera*

# Tirado en la banqueta

Una tarde lluviosa regresaba a mi casa después de clases. Ese día mi abuelo se acercó apresurado y me dijo, «¡Qué bueno que llegaste! Ve a buscar a tu papá. Se fue hace un rato y está súper tomado.»

Mi abuelo estaba realmente preocupado porque ya hacía semanas que mi padre había comenzado a caer en malos hábitos. Primero bebía cerveza, después vino y en las últimas semanas mezclaba alcohol con refresco de cola. Lo recuerdo muy bien porque era a mí a quien mandaba para que se los comprara en la tienda.

Esa misma tarde, buscando a mi papá, decidí pasar por la casa de una tía muy querida. Su nombre era Eugenia, también conocida como Geña. Pensé que tal vez ahí lo encontraría. Aún están en mi cabeza las palabras de mi tía cuando le pregunté por mi papá: «Debería de tener un poco de vergüenza tu papá— por causa de sus malos hábitos, tu mamá ya no está contigo».

Yo tenía nueve años de edad en ese tiempo, y esas palabras que me dijo mi tía marcaron mi vida. Antes sólo sentía pena de ver a mi papá en la situación que estaba, y después, con esas palabras, sentía dolor y coraje hacia mi papá. En ocasiones las personas no miden las palabras que dicen, ni las consecuencias que pueden ocasionar.

Seguí buscando a mi papá. A lo lejos miré a un hombre tirado en la orilla de la carretera, deseando que no fuera mi papá pero … ¡Qué desilusión! Sí, era él! No traía puesto sus zapatos ni su camisa. Allí estaba, inconsciente, sucio, ni siquiera podía mantenerse de pie debido a la cantidad que había tomado.

Fueron muy duras las palabras de nuestros vecinos que me decían, «Un día de estos lo van a levantar, pero para llevarlo al panteón». No tenía el valor de levantar la mirada ante esas personas. Solamente me dirigí hasta donde él estaba tirado en la banqueta.

Al principio no sabía qué hacer, si dejarlo allí o llevarlo a casa. Finalmente lo tomé de su mano, lo apoyé para que se levantara. Pero se resistía demasiado. Se comportaba agresivo, pues no quería que lo lleváramos a un centro de rehabilitación.

Al llegar a la casa, mi abuelo mandó a llamar al médico para que le pusiera un suero y así poder desintoxicarlo. A veces nos tocaba atarlo a la cama. Él nos amenazaba, y en ocasiones nos golpeaba—quería que lo dejáramos para seguir tomando. Yo veía la tristeza y el temor en los ojos de mis hermanos y de mi familia.

Cabe aclarar que mi papá hoy en día está completamente recuperado de su alcoholismo. Sin embargo, los recuerdos que tengo de niño son mirar como pasaba el tiempo atrapado por el alcohol. Yo observaba la tristeza de mi abuelo Elías, al ver cómo su hijo se gastaba la vida en el vicio. Hasta que un día mi abuelo me tomó en sus brazos y me dijo mirándome fijamente a los ojos, «Verdad que tú nunca me vas a causar esta tristeza, dime que nunca vas a seguir los pasos del alcohol».

Yo podía sentir como su corazón latía más rápido; como él temblaba. Quizás se preguntaba en qué había fallado como padre.

En ese momento tomé una decisión. Me prometí nunca caer

en malos hábitos de alcohol—promesa que hasta la fecha he cumplido. Al crecer, constantemente me repetía:

«Nunca voy a ser como mi papá; mis hijos no van a vivir esa clase de vida».

Gracias a Dios, también a mi abuelo, que siempre me repetía que yo era diferente, que algún día sería una persona ejemplar. Él siempre me agregaba valor. Hoy te puedo decir que mis hijos tienen otro estilo de vida, mi abuelo tenía razón.

En la actualidad me doy cuenta que el alcoholismo es una enfermedad, y una enfermedad que no sólo sufre el que la padece, sino que también todos los seres queridos que lo rodean. También aprendí que yo no soy quién para juzgar a mi papá por sus acciones. Sólo sé que elegí quererlo y respetarlo desde el día que lo encontré tirado en la banqueta.

Te animo a ser una persona sana y cultivar buenos hábitos.

*Jonathan Espino*

# El corral y mi portería

Cuando tenía siete años de edad comenzaron mis sueños. Te invito a recordar que todos desde muy temprana edad hemos sido soñadores.

Recuerdo que a mi padre le dieron un televisor como regalo. En ese tiempo éramos la única familia que tenía un televisor. Los sábados por la mañana nos daba permiso de mirar algunos programas.

Comencé a disfrutar los partidos de fútbol y después de algún tiempo ya era aficionado a un equipo. Deseaba jugar como un profesional, pero en mi pueblo por aquel tiempo no había campos de fútbol.

En nuestra casa mi mamá utilizaba unas sábanas como cortinas en las puertas para que los mosquitos no entraran y esas se convirtieron en mis porterías. Por otro lado, una pelota rota era mi balón profesional. Los sueños seguían creciendo cada vez que la pelota entraba por la puerta y la sábana se movía, extendiéndose como la red de las porterías. Corriendo por el patio festejaba mi anotación gritando, «¡GOOOL!»

En un corral detrás de la casa que medía como 30 metros de ancho y de largo, teníamos gallinas. Así que visualicé más espacio para jugar. Junté y corté algunos costales de papas y arroz. Le pedí a mi mamá que me ayudara a coser los costales.

«¿Para qué quieres eso?» preguntó.

Respondí muy emocionado, «¡Quiero poner una portería con red en el corral de las gallinas!»

Pero ella no me entendió. En mi imaginación ya la estaba mirando terminada. Mi mamá sacó un hilo de tejer y con una aguja de coser zapatos, amorosamente me ayudó en mi gran proyecto, hasta que por fin la finalizamos.

Para mi quedó hermosa. Tenía color amarillo y blanco porque los costales de papa son de color amarillo y los de arroz son blancos. Ahora sólo faltaban los postes para mi portería. Tomé un machete y con determinación fui rumbo al río. Busqué dos ramas grandes y rectas. Las corté y las llevé al corral donde hice unos hoyos en el suelo y coloqué los postes. Traje mi red hecha de costales, la coloqué y ya estaba lista. Mis sueños seguían y seguían.

Mis amigos Juan, Miguel y yo comenzamos a jugar con la pelota rota. Cuando me tocaba ser portero volaba como el Supermán Marín, pues él era el portero a quien yo admiraba. Y cuando metía un gol me convertía en el más veloz como el Chaplín Ceballos (para mí él era mejor). Esos tiempos de limitaciones y falta de dinero no robaron mi inocencia, ni mis sueños, y sobre todo no pudieron con mi gozo y alegría.

Hoy comprendo cuando los niños se sienten aficionados a un deporte, y animo a todos los padres a enseñar esas prácticas en nuestros hijos, pues es mucho más sano hacer una actividad física que estar detrás de un aparato electrónico.

Las limitaciones que vivimos de niños no detuvieron nuestros sueños y metas. No permitas que las comodidades de hoy roben la sencillez de lo que disfrutabas antes.

*Pedro Adame*

# ¡Cada segundo cuenta!

¡**N**adie puede decirte qué tan alto puedes llegar, hasta que no decidas abrir tus alas y atreverte a volar!

El 20 de julio de 1989, llegamos por autobús a la ciudad de Obregón, Sonora. Era un día muy caluroso y húmedo; el ambiente entre mis compañeros y yo era de mucho entusiasmo. Habíamos calificado para el campeonato estatal de atletismo y a pesar de las 6 horas de viaje de la ciudad fronteriza de Nogales, Sonora, no se notaba el cansancio.

Ser atleta semiprofesional requiere de mucha dedicación, esfuerzo y constancia. Mi entrenador, el Sr. Mario Peña, siempre me decía, «Gerardo, para estar entre los mejores hay que trabajar muy duro y con mucha disciplina».

Entrenábamos cuatro horas diarias, pues sabía que ese fin de semana podía cambiar mi vida, y convertirme en un atleta de nivel nacional. Imagínense, ¡Atleta Nacional!

Esa tarde del sábado reflexioné mucho el por qué estaba allí. Fueron horas de preparación constante, trabajo en la pista y correr grandes distancias en las montañas de Nogales. Mi competencia era de 3.000 metros con obstáculos, que consistía en brincar unas barras de madera altas y largas. Eran siete vueltas y media en la pista de 400 metros.

Estábamos en Obregón, Sonora por una sola razón: Dar la marca que la Federación Mexicana de Atletismo exigía para asistir al campeonato nacional que se llevaría a cabo en Xalapa, Veracruz.

Nuestra prueba empezó el siguiente día al medio día. Hacía muchísimo calor y estaba muy húmedo. Había atletas de todo el estado—realmente no iba a ser fácil.

Empezamos a correr con mucho nerviosismo y cautelosos por los obstáculos que teníamos que pasar. El sudor corría por nuestro cuerpo y los tenis estaban todos mojados por la fosa con agua en la que caímos.

Brincábamos unos tras otros y en la última vuelta sólo estábamos tres al frente del grupo—todos con posibilidades de dar la marca nacional. ¡Fue maravilloso el final!

Los últimos 100 metros fueron impresionantes. Sentía la respiración de los otros muchachos y al final... ¡quedé en segundo lugar! La Federación Mexicana de Atletismo pedía un tiempo de 10 minutos con 25 segundos, y yo hice 9 minutos 49 segundos—un gran tiempo a pesar de las condiciones del clima. Quedé en el ranking nacional en el lugar #19 de todo México.

Tanto la buena alimentación, la salud física y el deporte son esenciales para nuestro crecimiento personal. Fomentemos la actividad física y recuerda: «El premio sólo es el reconocimiento al sacrificio y la preparación».

¡Nada es fácil ... atrévete a ir por tus sueños, que todos podemos lograrlos!

*Gerardo Gerwert*

# El 10% más

¡Pégale! ¡Tírala! ¡Pásala! ¡Aquí estoy! ¡Dale! ¡¡¡GOOOOOOL!!! Esas son palabras muy conocidas en el mundo de los deportes, en especial en el fútbol (soccer). La adrenalina sube cada vez más, te apasionas por esa pelota, sientes un calor por todo tu ser, sudas, incluso te desesperas y sufres cuando fallas, pero es emocionante. Es un sentimiento que se queda contigo en el tiempo; cuando escuchas de ir a jugar o que están jugando fútbol, te transportas otra vez a tus recuerdos y revives cada uno de ellos.

En mi caso, solo jugué tres años en la High School o preparatoria. Tenía quince años cuando toqué por primera vez una pelota de fútbol (soccer) y hoy en día cada vez que puedo me encanta jugar.

En ese entonces lo único que conocía del deporte era lo que veía cuando algún familiar lo ponía por televisión, pero si algo tenía, era que me gustaba aprender. Siempre decía, «¡Enséñame y yo lo hago»!

A pesar de no ser como las demás compañeras de fútbol, si algo me caracterizaba era que no me daba por vencida fácil. Esos tres años de jugar en la escuela me enseñaron mucho—a veces se gana, a veces se aprende, pero nunca se pierde. A veces celebras, a veces lloras y en otras ocasiones hay risas o enojo, algo muy característico del deporte.

Pero eso sí, no hay que rendirse. Hay que seguir buscando la oportunidad de ir por la pelota o estar atenta para cuando llegue la oportunidad de que te la pasen, saber que tienes que correr tras ella y no esperar que te llegue a los pies. Sin duda no me gustaba estar quieta, iba a buscar la oportunidad.

Ahora que lo pienso bien, eso explica por qué en el año 1999, cuando estaba en mi último año de High School, tuve una inesperada sorpresa. Era la última reunión de nuestro equipo esa temporada. Algunas nos iríamos al colegio comunitario, otras a la universidad, y otras les faltaban uno o dos años para graduarse.

Ahí estábamos todas las del equipo con nuestra entrenadora. Sabíamos que se venían los reconocimientos y trofeos. Usualmente eran tres trofeos, pero esta vez había uno más. No te miento. ¿A quién no le va a palpitar más el corazón esperando ser tú quién se lleve ese trofeo?

¡Bueno, a mí, sí!

En eso la entrenadora comienza a decir, «Este trofeo es para alguien quién subía y bajaba en la cancha, que a pesar de estar ganando o perdiendo siempre daba más, no sólo el 100%, sino el 110%. Este es para Flor Sampedro».

¿Te acuerdas de mi corazón? Ahora no sólo palpitaba más rápido, hasta quería salirse de mi pecho. ¡Qué emoción!

¡Qué alegría! ¡Qué sorpresa era para mí! ¡Estaba tan orgullosa de mí misma!

Como les comenté al principio, empecé a jugar a los 15 años y aunque muchas de mis compañeras llevaban años practicando, yo logré aprender, pues bien, nunca es tarde.

Mientras te esfuerces y des lo mejor de ti, alguien va a reconocer tu esfuerzo. No sé cuál sea tu edad, educación, idioma, nunca es tarde para aprender algo nuevo: Tocar un instrumento, aprender un deporte, cambiar cierto hábito, practicar un hobby, o cualquier otra cosa. Sólo atrévete a empezar.

Si en este momento todavía tienes algo que no te hayas atrevido a hacer por cuestión del qué dirán o porque crees que ya es muy tarde, te invito a que te deshagas de esos paradigmas, rompe esas cadenas de limitación mental. Mientras tengas la disposición de dejarte enseñar y guiar, algo bueno sacarás. Como dice el dicho, lo peor que puede pasar es que mejores.

¡Atrévete! ¡Ah, y recuerda que el 10% más, sí, hace la diferencia!

*Flor Jasso*

# La carrera de la vida

A la edad de los 11 años compré mi primer burro con mi trabajo propio. Me sentí tan bien conmigo mismo ya que cuando mi hermano Baltazar emigró a Estados Unidos, yo me hice cargo de ciertas responsabilidades del hogar. Una de ellas fue el proveer dinero para la casa.

Un día se anunció que todos aquellos que tuvieran burros estaban cordialmente invitados a una carrera de burros que el pueblo había preparado. A mí me encantó la idea.

El día 10 de septiembre del año 1984 se llevó a cabo la competencia. Éramos varios participantes, aproximadamente unos 20 competidores.

Comenzó la carrera, salimos todos a todo galope. Sólo se escuchaba y se sentía una adrenalina que aumentaba mis ganas de ganar. Yo estaba al frente, bien enfocado, tenía la delantera cuando de pronto el burro se desvió del camino y no lo pude controlar.

A pocos metros de llegar a la meta, el burro empezó a bajar por un puente a mano izquierda. Sólo recuerdo que quedé descolgado del pescuezo del burro, llorando y con un sentimiento de coraje a la vez porque perdí la carrera.

Yo estaba bien seguro que iba a ganar pero el problema era que el burro siempre tenía el hábito de bajar por ahí porque ese era su camino de siempre y ya estaba como programado a cruzar ese puente. Sentía la burla de todos y me convertí en el chiste del pueblo porque siempre que me veían se acordaban de esa situación y se reían de mí.

Al pasar el tiempo se anunció que el año próximo habría otra carrera de burros. Para mí fue una bendición el tener la oportunidad de volver a competir y el poder practicar mis errores durante el año.

Una vez por semana corría con el burro por el lugar donde se iba a hacer la carrera, hasta que finalmente llegó el día. Nuevamente, estaban todos los competidores bien entusiasmados, listos para correr. Esta vez, más aún que el año anterior, sentía dentro de mí que tenía que ganar.

Todos en posiciones listos para la gran carrera y sonó el silbato del anunciador. Corrimos todos disparados, parecíamos unas balas. Sólo se escuchaba el ruido del jinete y las pezuñas de las patas de los burros.

A la mitad del camino sólo se podían distinguir los que iban al frente de la competencia. Faltando como unos 100 metros tenía yo la mayor delantera, cuando por fin, cruzamos el cordón rojo de la meta y quedamos en el primer lugar. Ser el ganador para mí fue un sueño hecho realidad. Pude cambiar el paradigma de ser anteriormente el más burlado.

El día de hoy, 32 años después, cuando me reúno con esa gente, podemos recordar esos momentos tan graciosos. Por haber ganado el primer lugar a mí me dieron $1.000 pesos y al burro una buena paca de alfalfa. En ese tiempo era muy grande el premio, pero lo más grande fue la satisfacción de participar.

Aunque la primera vez no gané, me quedó como experiencia que la vida es como una carrera—cuando se quiere algo, hay que buscar el medio para conseguirlo y nunca darse por vencido. Cuando fracasas, muchos están para señalarte, pero cuando llegues a la meta, se darán cuenta que siempre fuiste capaz de lograrlo.

El ejemplo está claro: Muchas veces somos como ese burro; tenemos un desafío por delante pero la costumbre o rutina no nos permite llegar a la meta y cumplir nuestros sueños. Ya vieron, al fin de cuentas mi burro no fue tan burro y aprendió a llegar triunfante a la meta.

Esfuérzate, que con constancia y dedicación se pueden lograr grandes cosas.

¡Tú puedes!

*Ángel Aguado*

# Pescando la paz

Empezaba la primavera—se escuchaban los pájaros cantar, se percibía el aroma de las rosas como llenaban el ambiente, el viento soplaba una ligera brisa que se sentía como una caricia en mis mejillas.

De repente una voz fuerte y varonil me dijo, «Es hora de irnos a la pesca». Era mi papá que ya traía con él dos cañas de pescar y lombrices como carnada. Muy entusiasmado exclamaba, «Hoy será un gran día; atraparemos muchos peces grandes y gordos». Me sentía muy feliz de que pasaría tiempo con mi papá. Ya que siendo una joven adulta de 18 años no pasaba mucho tiempo con él.

Caminamos casi media hora por el campo para poder llegar al lago donde pasaríamos un grandioso día. Observamos los peces saltando de un lugar a otro. Mi papá muy tranquilo, le colocó una lombriz a la caña y la arrojó al agua. Me dijo, «Es muy importante mantenernos tranquilos, sin hablar, para así poder atrapar más peces». Nos sentamos en la orilla del lago, que tenía un pasto muy verde y suave. Se sentía una tranquilidad hermosa, escuchando el sonido de la naturaleza.

De repente mi caña se sumergió y al sacarla un gran pescado muy gordo colgado de ella. ¡Atrapamos uno! ¡Qué felicidad! El pescado ya a punto de morir saltaba dentro de la cubeta.

Ese día fue maravilloso. El pasar tiempo con mi papá formó recuerdos en mi memoria que nunca voy a olvidar.

Tal vez muchos pensarán que era un día cualquiera, pero la paz que encontraba al estar ahí me renovaba las fuerzas. Más que estar en busca de pescado, entendí que estábamos pescando la paz.

Yo te invito a que de vez en cuando encuentres tiempo para realizar actividades recreacionales, por ejemplo: Ir de pesca, hacer caminatas, subir una montaña, practicar algún deporte... tomando en cuenta que esto te va a ayudar a refrescar tu mente, mejorará tu capacidad física, baja tus niveles de estrés, y proporciona descanso a tu cuerpo.

Una recreación sana puede ser de gran beneficio y si lo haces en familia, puede quedar en la memoria de tus hijos para siempre.

*Adriana Ramírez*

# Hombro a hombro

Pasaron un par de meses y por fin llego el día que me fui a vivir con él a la casa del rancho, como le decimos hasta el día de hoy, la cual era propiedad de la compañía para la cual Alberto trabajaba desde hacía diecinueve años. Era una casa situada en medio de los campos de California.

Todavía recuerdo que la hora más feliz del día para mi hija Ariel y para mí eran las seis de la tarde. Acostumbrábamos a asomarnos por la ventana del lado norte de la casa para poder observar desde lejos esa camioneta blanca y escuchar el rodado y el motor ya acercándose por ese camino rural que era poco transitado. Generaba en nosotras una tremenda expectativa de ver estacionarse en la «yarda» trasera a ese hombre que tanto amábamos.

Al principio cada paso me parecía espontáneo, desde cómo se bajaba de la camioneta hasta cómo dejaba la puerta abierta con su música prendida. Alegremente, las dos nos lanzábamos ansiosas a su encuentro. Habitualmente traía consigo un paquete y entraba por la puerta trasera e inmediatamente se ponía de rodillas para acomodar el contenido que había traído. Metía las latas más recientes y gustosamente sacaba las del día anterior. Sin titubear mucho, se iba para afuera y se ponía a regar para que no se hiciera mucho polvo, decía él.

La ilusión del horario de las seis de cada día, se convirtió en un desencanto para nosotras. Su tarea después de las seis se convirtió en estar tomando hasta terminar el paquete que había traído. Con una gran desilusión y tristeza, miraba por la ventana las interminables acres que nos rodeaban y como intentando adivinar cuándo termina de regar.

Cuando yo me casé con mi esposo, aunque sabía su pasado, no podía comprender o no entendía la responsabilidad financiera que él tenía a cuestas, ya que en su relación anterior había hijos. No entendía por qué mi esposo tomaba hasta adormecer con alcohol ese sentimiento de frustración ante las obligaciones que ya traía por decisiones del pasado.

Un día como a las once de la mañana sonó el teléfono, y escuché una voz femenina preguntando por mi esposo.Contesté de tal forma que la señora se dio cuenta que me puse celosa. Ella dijo rápidamente, «Se trata de trabajo, señora.»

«Mi esposo no necesita ningún trabajo», agregué de forma cortante.

«Sólo dígale que hoy a las ocho de la noche habrá una presentación de negocios donde se explicará cómo ganar tres mil dólares.» Después que me dijo donde, colgué inmediatamente.

Más tarde a la hora de comer, enfrenté a mi esposo como de costumbre con mis quejas, «Aquí nunca hay leche, mejor cerveza, usted nunca está en casa, aquí estamos siempre solas la niña y yo donde millas a la redonda, no hay casas menos vecino». Seguí agobiándome con mis cantaletas y quejas; al final de mala gana le di el mensaje de los tres mil dólares.

Cual sería mi sorpresa que esa tarde regresó antes que de costumbre, cenó y se arregló, salió y dijo me voy a la reunión que me dijo. Regresó entusiasmado; aunque él siempre ha sido de personalidad alegre, esa noche tenía un brillo diferente. «Ya encontré la solución a nuestros problemas», agregó.

Obviamente yo estaba indignada porque no nos había llevado y lo ignoré; me hice la dormida.

Y así lo seguí ignorando por meses. Un buen día me dijo, «Mari, usted debería de ayudarme a hacer este negocio. Acompáñeme, yo no sé leer, no sé escribir y usted me puede ayudar. Además, si algo me pasa, usted no puede tomar mi trabajo de mayordomo en el rancho, sin embargo, este negocio usted sí lo puede hacer.»

Decidí apoyarlo en este gran proyecto que encontró y unidos los dos, con mucho esfuerzo, generamos resultados. Siempre recordaré la confianza que él depositó en mí, al hacerme parte de tan tremenda aventura, pues ha sido nuestra aventura, luchando hombro a hombro.

Hace unos meses, estando almorzando con unos amigos y socios, después de un rato una de las personas preguntó, «¿Qué le pasa a Alberto?» Al verlo yo me di cuenta que él estaba pálido y sudando, «¿Qué le pasa?», pregunté.

«No puedo sostener mi brazo izquierdo por sí solo y duele mucho.» Como teníamos un evento para mujeres esa tarde, sugerí que los caballeros allí presentes llevaran a mi esposo a emergencia, lo cual ellos aceptaron y así fue. Sinceramente no di importancia y nunca creí que fuera algo serio.

Al llegar la noche regresó mi esposo a casa y me dijo, «¿Por qué no fue usted conmigo a llevarme al hospital; me sentí tan mal que pensé que no la volvería a ver.»

Pasaron dos días y volvió con los mismos síntomas. Estaba muy mal cuando regresé a casa después de salir a un mandado. «Lléveme por favor», me pidió.

Inmediatamente nos fuimos pero al ir yo conduciendo hacia allá, y ver a mi esposo casi inconsciente por el dolor tan agudo que sentía, parecía que la sala de emergencia se retiraba más con cada milla manejada en lugar de acercarse. Llegamos por fin y estacioné el carro. Como pude subí a mi esposo a una silla de ruedas que encontré por ahí, al mismo tiempo que el guardia de seguridad me exigía que moviera mi carro, lo cual no hice.

Al entrar, pedí ayuda y me dicen, «Firme aquí». Saqué una identificación, y lo llamarán después. Mi esposo no consentía estar sentado ni parado así que solo caminamos por el pasillo hasta que le hablaron. Inmediatamente revisaron sus signos vitales, conectaron mangueras, pusieron suero y medicamento y me dijeron, «Tienen suerte que la presión arterial la trae a más de 300, si no le tocaría esperar afuera 3 horas». Al mismo tiempo estaba el guardia de seguridad casi a gritos diciendo que mueva mi carro, y otra persona pidiendo seguro o forma de pago. Yo solamente podía ver a Alberto que con señas me pedía que no me saliera y lo dejara solo ahí. Yo veía al pilar de mi casa, la cabeza de mi familia, el responsable de poner comida en el refrigerador y un techo sobre nuestra cabezas, lo podía ver ahí postrado; parecía que jamás se levantaría de ahí y nadie más ahí presente le importaba.

Ese capítulo de nuestras vidas se repitió por siete veces en el lapso de un mes. Le hacían estudios, lo enviaban a terapia física, le hacían más estudios y cada vez que regresamos a la sala de emergencias solo lo estabilizaban y lo regresaban a casa sin saber que realmente estaba pasando.

Para la quinta vez en esa misma sala, como por las tres de la mañana, llegó un doctor de apariencia tranquila y cordial y al darme unos documentos que traía con él me dijo, «Aquí está la información de un especialista. Hoy mismo a las ocho de la mañana llama para hacer una cita, él puede ayudar a tu esposo».

Solo eso resonaba en mi mente. Salimos de ahí en la madrugada, y a las ocho en punto yo estaba llamando al número que me dio. «Necesito una cita para mi esposo con el doctor».

«El doctor tiene una lista de espera de seis meses», me dijeron.

«Es urgente», respondí.

«Vaya al cuarto de emergencia entonces.»

Para ese punto yo ya no podía aceptar un no, solo podía escuchar, «ÉL LO PUEDE AYUDAR», así que colgué el teléfono, y le dije a mi esposo, «Vámonos».

«Le dieron la cita», preguntó él.

«Sí», contesté.

Fui manejando con mi esposo aun sedado por la fuerte medicina que le habían puesto esa noche en el hospital. Al llegar al lugar y con trabajo caminar hasta el edificio, lo registré y al preguntarme el nombre y hora de cita, contesté igual, «No podemos esperar, mi esposo necesita ver al doctor».

«Le dije que no hay citas, y el doctor no atiende sin cita.»

Ya con lagrimas en mis ojos y voz quebrantada pude articular, «NO NOS IREMOS DE AQUÍ, HASTA QUE EL DOCTOR VEA A MI ESPOSO».

No nos importaba esperar, no haber dormido o no haber cenado ni almorzado. Solamente nos importaba, «ÉL LO PUEDE AYUDAR».

Nos recibieron después de una larga espera, y después de ver todo el expediente y hacer preguntas, nos dijo, «Alberto, tú de verdad no quieres que yo te opere. Si yo te opero, te pondré un implante metálico en tu hombro y perderás la movilidad casi en su totalidad. Pero tengo una colega aquí mismo en este edificio que podría reparar tu daño».

Sin decir más, salió del consultorio y regresó después de un rato.

No sé cuánto tiempo tardó en regresar, pero para mí y estoy segura que para Alberto era una eternidad. Al regresar, se dirigió a mí diciendo, «Señora ahorita mismo, saliendo de aquí, se va a donde le hicieron la resonancia magnética. Pide un disco con las imágenes, y no se vaya de ahí hasta que se lo entreguen. Cuando lo tengan con ustedes inmediatamente lo traen para acá, lo dejan con la recepcionista y esperen noticias de la doctora.»

Así lo hicimos, exactamente como él nos indicó, y regresamos a casa a esperar. Ya entrada la noche recibimos la tan esperada llamada, «La doctora decidió tomar su caso, venga mañana a las 10:00 a.m.».

Teníamos tantas esperanzas en esa consulta, sobre todo porque mostraron interés y compasión ante la gravedad del problema. Y así fue, al estar frente a frente con la doctora Lindsey, le preguntó a mi esposo, «¿En qué trabajas?»

«Ventas directas,» replicó Alberto.

«Oh, está bien,» contestó la doctora.

Al voltearse, tomó un pizarrón portátil y empezó a dibujar lo que parecía un hombro y un brazo, y explicó, «Te pregunto a qué te dedicas porque con tu problema que traes, y aun después de la cirugía, si me permites que te opere, van a pasar meses para que te recuperes, y posiblemente años de terapia física, y la solución será a largo plazo… Si te dura la cirugía será temporal solamente». Parecía que las esperanzas se iban desapareciendo, cuando ella agregó, «Pero el dolor se va a ir después del procedimiento».

«Eso es lo que queríamos escuchar», contestó mi marido.

«Okey, mis colegas especulan menos de 10% de éxito, pero yo creo que hay un 70% de que todo saldrá bien. Me permites operarte?»

«¡Ahora mismo!» exclamó él con entusiasmo.

«Bueno no será ahorita pero la próxima semana sí,» aseguró ella.

En ese lapso ingresó dos veces más a la sala de emergencia mi esposo, pero ya con indicaciones precisas de cómo tratarlo.

Por fin llegó el tan anhelado día, y aunque muy deseado, fue muy difícil. La cirugía duró más de lo programado. Mis hijas y algunos muy buenos amigos no se separaron de nosotros, hasta que apareció la doctora en la sala de espera, aun con su uniforme quirúrgico. Mis hijas y yo nos apresuramos a encontrarla, «Todo está bien! Ya Alberto está en cuidado intensivo, recuperándose», dijo para nuestra tranquilidad.

«Tuvimos que abrir más de lo planeado. El daño era mayor de lo que cualquier estudio pudiera mostrar. Sus músculos estaban encogidos y tiesos, tal que tuvimos que improvisar y tomar tejido de la espalda para remendar y volver a pegar el brazo al cuerpo. Por eso los dolores eran devastadores», nos explicó la doctora.

Ansiosa pregunté, «Doctora, ¿por qué le pasó eso a mi esposo?»

«Yo no sé porque la gente se espera hasta que la enfermedad puede ser de vida o muerte y no se atienden. El problema de tu esposo empezó años atrás, décadas atrás y nunca buscó atenderse," agregó ella.

Con un corazón lleno de gratitud, le di las gracias y casi me atreví a abrazarla. Sus palabras me hicieron reflexionar, «Yo no sé porque…».

Pero yo sí sé porqué. Muchos de nosotros no queremos perder a veces ni una hora de trabajo, menos un día. El cheque saldría corto. Además, cuánto cuesta la atención médica? No es barata. Hoy en día mi esposo está en recuperación y aunque no me acompaña físicamente a seguir luchando por nuestra meta, tengo la fortaleza, la energía, y la confianza que él me reafirmó años atrás en la casa del rancho cuando me dijo, «Si algo me pasa a mí, usted no puede tomar mi puesto en el rancho, pero este negocio sí que lo puede hacer por usted misma».

Es mi deseo y más grande anhelo ser esa AYUDA IDÓNEA para lo cual Dios me ha puesto a ese hombre que yo misma le pedí un día. Quiero ser esa mujer valiente que puede seguir luchando por el bienestar de su marido, porque al fin y al cabo ese es el propósito de una esposa: estar al lado de su marido, respetarlo y sobre todo amarlo.

Permíteme despedirme con esto: Llega un momento que la vida te orilla a dejar de hacer lo que te gusta y te obliga a empezar a luchar por lo que realmente amas.

*Isabel Deval*

# Los mil metros cuadrados

«A vanza sin mirar a diestra ni siniestra...»

Se escuchaba el Himno Nacional Mexicano de las escuelas secundarias técnicas, mi último año en secundaria. Recuerdo esa semana de enero. Cumplí 15 años en uno de los días más importantes de la escuela: Los juegos olímpicos de secundarias.

Llegó el profe Alfredo, un maestro muy amable y querido por los alumnos. «Haro, Haro», me dijo, «no te desenfoques. Recuerda, correrás los primeros 400 metros y un juez estará en cada 100 metros. Si cometes una falta serás descalificada. Concéntrate. Al correr los últimos 100 metros vas a correr con todas tus fuerzas. Recuerda, es trotar 900 metros y los 100 últimos a toda velocidad. El cronómetro marcó que estás a tiempo—te llevarás el primer lugar—mas no te confíes.»

«Está bien, profe», le contesté.

«¡A posiciones!», gritó el árbitro. «¡En sus marcas! ¿LISTOS? ¡FUERA!»

«Todo iba muy bien pero al dar la primera vuelta de 400 metros uno de los jueces gritó, «¡LIBRE!» y yo pensé que me habían descalificado. Eso hizo que bajara mi velocidad y los otros competidores me dejaran atrás.

El profe gritaba, «Tú puedes, Haro. ¡Corre! ¡Avanza!»

Hice mi mayor intento pero no lo logré. De cinco participantes quedé en tercer lugar.

Al salir de la meta me puse las manos en mi rostro y me incliné. El profe llegó, me levantó y me dijo, «Hoy no te llevas el primer lugar, pero te llevas una gran lección: Jamás escuches la voz de quien no te dirige. Haro, escucha la voz de tu entrenador. Haro, eres una ganadora, jamás te rindas y levanta la cabeza porque competiste.» Frases poderosas que me animaron.

No olvido al profe Alfredo. Sus palabras quedaron tatuadas en mi corazón. Él me enseñó que seguir sugerencias es lo más importante, y en esta oportunidad me recordaron lo que un día el profe sembró en mí.

Si anteriormente nadie depositó en ti palabras positivas, ahora es el momento. El tener un líder, entrenador, mentor, guía o cómo quieras llamarlo, es una gran bendición. La persona que te invitó a este negocio quiere llevarte a una meta que tú mismo creaste.

Así como para los deportes, necesitas disciplina y una meta que alcanzar. ¡No te detengas, sigue sin parar!

*Alicia Hurtado*

# Justo a tiempo

Permíteme, y te comparto unos momentos muy difíciles de mi vida.

Una tarde cocinando, llegó mi hija Grecia de la escuela. Tenía la edad de trece años. Muy consternada me dijo, «Mamá, Gio tiene una bolita por el cuello la cual veo que sigue creciendo… una amiga en la escuela tenía la misma bolita y le dijeron que era cáncer. Chéquelo y no espere que sea muy tarde.»

Me quedé muy pensativa. Sentí como un balde de agua fría, pues sólo de imaginármelo me ponía muy mal. Así que no esperaba la hora en que llegara mi hijo Gio a casa. Cuando llegó Gio de la escuela, lo llamé y le toqué la bolita que tenía en el cuello. Lo llevé a una clínica cerca de la casa donde el doctor lo chequeó y me dijo que le iba a dar una receta médica para que lo lleváramos al hospital. Para saber si ese tumor era maligno o no, tenían que removerle con una operación que arrojaría los resultados. En el momento no creí que fuera nada peligroso o por qué preocuparse.

Mi esposo y yo estábamos muy serenos. Cuando terminó la cirugía el doctor nos llamó y nos dijo que había terminado la operación. Nos dijo que era mejor ir nosotros por los resultados, los cuales estarían listos en unos días. Sin embargo, a los dos días recibimos una llamada del doctor indicando de que era muy importante vernos.

Fuimos a ver al doctor por los resultados y recibí la noticia más horrible de mi vida. Estábamos los tres cuando el doctor nos dijo que mi hijo tenía cáncer. Nunca imaginé tener que experimentar ese dolor. Me quedé sin palabras y regresé a ver a mi hijo. Vi en su rostro una tranquilidad, como que Dios ya lo había preparado para algo como esto, algo que ni yo podía creer y me daba la fuerza para soportar el dolor que sentía por dentro. El doctor nos dijo que todo iba a estar bien pero que necesitaban empezar a chequearlo para asegurarse que el cáncer no se hubiera regado en todo su cuerpo y así empezar con el tratamiento necesario.

Empezamos a hacer oraciones con mi esposo. Empezaron la quimioterapia y gracias a Dios sólo le dieron tres quimios ya que se pudo detectar el cáncer a tiempo y no estaba muy avanzado. Se le empezó a caer el pelo pero estábamos tan sorprendidos todos en la familia de esa gran valentía que tuvo mi hijo para sobresalir de todo eso que vivió. Gio nos decía, «Papás, por favor no lloren, que yo no quiero dar lástima a nadie. Yo voy a salir con bien de todo esto». Y eso nos daba más fuerza a nosotros.

En la vida posiblemente habrá retos. Son pruebas que Dios te pone, pero no te va a dar más de las que no puedas soportar. Igual en cualquier propósito que tengas, a pesar de retos o situaciones, avanza, que nadie te detenga y te saque del camino. Persiste y recuerda que «para el que cree, todo le es posible», así como lo fue posible para mi hijo. Él actualmente, gracias a Dios, se encuentra recuperado totalmente del cáncer, luchando por un mejor futuro.

«Es mejor prevenir que lamentar» y aunque pienses que no es nada importante, toma la iniciativa y busca la solución; no hay que esperar a que sea muy tarde. Cuida tu salud y la de tu familia.

*El cáncer abre muchas puertas. Una de las más importantes es tu corazón.* –**Greg Anderson**

*Berenice Sosa*

# Parte 2

## *Semillas de Mejoramiento*

# No dejes de mirar al cielo

Pasaron nueve años viviendo de esa manera, «viviendo al día» como dice el dicho. ¿Alguien ha pasado por una situación parecida durante su niñez?

A mis 17 años mi mamá decidió traernos a Estados Unidos. Ya siendo una adolescente me fue muy difícil aceptar el cambio y sobre todo adaptarme al nuevo idioma. Cursé la High School o preparatoria y mi vida laboral empezó casi inmediatamente de que llegamos. Trabajé de mesera, en un restaurante mexicano. Mi diario vivir era de 7:00 a.m. a 3:00 p.m. en la escuela y en las tardes de 5:00 p.m. a 10:00 p.m. de mesera. No estaba mal el trabajo porque como los clientes en un 99% eran hispanos, entonces no necesitaba el inglés. En el transcurso de ese tiempo trabajé en varios restaurantes. Como ya tenía experiencia con las propinas, me iba muy bien y podía ayudarme a pagar mi renta y cosas personales.

Terminé la preparatoria y pensé en ese momento, ¿y ahora qué voy hacer? Como estaba tan entretenida trabajando, desvelada y en la escuela, no medí el tiempo y no planifiqué qué haría después de la preparatoria.

En mi país siempre tuve el sueño de pertenecer a los medios de comunicación—cantar o actuar. Pero como esa carrera es muy cara allá, sólo pude asistir a una academia de modelaje, gracias al esfuerzo de mi mamá. Pero a la de canto o actuación no se pudo. Eso sí, nunca dejé de pensar en la posibilidad de dedicarme a algo de ese estilo más adelante.

Un día estaba en Fresno, California, según de vacaciones, pero me tuve que ir a trabajar a una fábrica donde mi mamá era empleada. En el camino hacia el empleo mi mamá ponía una estación de radio musical en español. El formato era tropical. Esas canciones me hacían volar hasta el Distrito Federal, me encantaba.

Un día regresando del trabajo me quedé escuchando la radio y dieron el número en cabina. Llamé para pedir una canción, que por cierto nunca la pusieron al aire. Le pregunté al locutor, «¿Cómo hiciste para empezar a trabajar en radio?» Su respuesta no me convenció—sólo me dijo, «Es una radio comunitaria y aquí estoy». Eso fue todo. El léxico de la persona que estaba al aire no era muy extenso y me decía a mí misma, *Si él puede trabajar en radio hablando así, yo también puedo.*

Terminaron mis vacaciones y regrese a Los Ángeles, CA, nuevamente a trabajar en un restaurante. Siempre tenía el hábito de escuchar radio en español y había una estación en particular que pasaba un comercial promoviendo, «¿Te gustaría ser uno de los locutores de tu estación favorita?»

En ese momento llamé al aire y le pregunté al locutor en turno cómo podía hacer para aplicar ahí. Me preguntó si tenía experiencia en el ramo y mi respuesta fue sincera, «No». Le volví a hacer la misma pregunta que le hice al locutor en Fresno, «¿Cómo hiciste tú para entrar ahí?» Él me dio una respuesta más convincente—me respondió, «Tienes que estudiar. Puedes ir a una academia. No puedo decir exactamente a cuál, pero tengo el teléfono de una persona que te puede ayudar».

Apunté el número, y llamé rápidamente en cuanto colgué esa llamada. Estaba tan emocionada. Respondió una voz muy varonil—su apellido era Domínguez. Le pregunté que si él daba clases de locución y me explicó que estaba hablando a una academia de locución y periodismo. Me hizo saber cuánto cobraba por el curso completo y cuando escuché el precio pensé, *Es lo mismo que en México, está bien caro.* Le comenté a mi mamá y me dijo, «¡Inscríbete! Yo te ayudo mitad y mitad.» Acepté la proposición de mi mamá, así que, volví a llamar a la academia y al otro día ya estaba en la ciudad de las estrellas: Hollywood.

Inicié el curso—era de un año. Había clases de dicción, lectura, edición, y periodismo. Me encantaba estar ahí. Antes de que terminara la escuela, el maestro hizo la invitación a tres alumnos para hacer un internado en una estación de radio y yo no dudé en aceptar la propuesta. Era una estación ubicada en el mismo edificio donde estaba la academia. Me entrevisté con el programador y me dijo, «Es sólo un mes que les damos la oportunidad de aprender y si en ese momento hay una posición disponible posiblemente tengan trabajo pero nada es seguro».

Empecé a ir—el mes se convirtió en un año—sin paga. A veces me quedaba hasta 10 horas pero bien aprovechadas. Después de un año me hablaron a la oficina del programador para hacerme saber que podía llenar la aplicación de empleo; hasta me puse a llorar del gusto.

Ahora siendo una profesional de los medios de comunicación puedo decirte que el haber obtenido un título académico es algo que me agregó valor como persona.

Sin embargo, el profesionalismo lo podemos desarrollar día con día a través de estar en constante capacitación. Por ejemplo: escuchando audios, leyendo libros, asistiendo a los eventos, tomando notas de personas exitosas, y sobre todo, poniendo en práctica cada detalle de lo aprendido.

No hay límites para una persona determinada. ¡No dejes de mirar al cielo! Pues nada es demasiado alto para ti.

*Karina Barrera*

# De la tierra a los libros

Tenía muchas expectativas y grandes ilusiones al llegar a Dinuba, California. A los 20 años de edad, y sin haber tenido anteriormente la oportunidad de poder estudiar niveles superiores, pensé que al llegar a esta ciudad, estudiar iba a ser posible.

Pero las esperanzas se empezaron a desvanecer muy rápido después de mi llegada. Al paso de una semana, me encontré podando árboles en los campos donde mi primo Leonel trabajaba.

Salía de mi cuarto muy temprano por las mañanas para subirnos a una van que nos llevaba al lugar donde trabajábamos. Los días eran fríos y tristes. Los siguientes días le preguntaba a mis primos y a mi hermana, «¿Dónde está el colegio para ir a registrarme?» Lo curioso es que ellos tenían muchos años viviendo ahí y no sabían dónde estaba.

Una tarde que íbamos de regreso de podar árboles, vi un letrero que apenas pude leer. Decía: «Kings River Community College». Como no sabía hablar o leer inglés, así como adivinando me dije, *Debe ser el colegio*. Esa noche no pude dormir tan sólo en pensar si ese era el lugar donde yo podría tener una profesión.

Una mañana mi hermana Rosa me llevó a ese lugar que tanto para ella como para mí era un misterio. No tenía idea qué había ahí o cómo era la gente. Después de estacionarnos busqué a alguien que hablara español. Al acercarme a un edificio, me ayudaron a inscribirme y me dijeron, «Si te quieres quedar hoy, la primera clase va a empezar. Tu maestra de la primera clase de inglés se llama Mrs. Felisa Heller». Mi cuerpo tembló de miedo. No sabía que tenía que hacer o cómo hacerlo.

Al llegar al salón de clase, la maestra, Mrs. Heller, estaba ahí y me hizo sentir muy bien al pasarme una de las sillas disponibles. Me di cuenta que las oportunidades llegan a nuestra vida si las buscamos. Para salir de la tierra tuve que estudiar y tomar una preparación profesional.

Ahora mi educación ha tomado un rumbo adicional—no simplemente la preparación profesional sino también la preparación espiritual. La vida puede cambiar, yo puedo cambiar y darle un mejor futuro a mi familia.

Te invito a que compruebes que si estás dispuesto a aprender, podrás dejar atrás aquello que no deseas hacer y dedicarte a cumplir tus sueños. Lo mejor de esto que te acabo de contar, es que tú también lo puedes lograr.

¡Bendiciones!

*Carlos Calderón*

# El resurgir del fénix

Las críticas pueden ser constructivas y ayudar a mejorar pero dejan de serlo cuando su objetivo es denigrar y humillar a otra persona.

La infancia es la etapa más hermosa por la que atraviesa un ser humano, pero en mi caso no fue así, ya que quedaron marcadas las críticas y burlas de mis compañeros de clase. Todos los días de lunes a viernes era una tortura para mí levantarme a las 7:00 a.m. para ir a la escuela, porque yo sabía el infierno que me esperaba, pues mis compañeros llegaron a ser realmente malvados conmigo.

Por las mañanas cuando llegaba, me sentía muy afligido porque de inmediato comenzaban las críticas. A la hora del recreo nadie quería jugar conmigo, así que me tocó crecer solo y triste. No entendía por qué a pesar de que me esforzaba, ellos no me aceptaban. Siempre decían,

«¡Eres el consentido de los maestros! ¡No puedes juntarte con nosotros!» Quizás creían que si hacían algo indebido, los acusaría. Obviamente eso no era lo que yo buscaba.

La razón por la que me esforzaba y tenía buenas calificaciones era para agradecer a mi madre por su esfuerzo.

Con el paso del tiempo aprendí que se puede ser feliz siendo diferente. Efectivamente mis compañeros nunca me aceptaron, pero al final valió la pena soportar todo eso. Cuando veía la cara de felicidad de mi madre al momento de recibir un reconocimiento, todo cobraba sentido.

Ni mi madre, ni los maestros; mejor dicho, nadie se enteró de todo eso que me tocó vivir en mis años escolares. Nunca quise decir nada porque comprendí que tenía que resolver mis problemas por mí mismo. Mi mamá ya tenía suficientes problemas para que le diera uno más.

Al final de cada ciclo escolar mi mamá venía y nos tomábamos una foto con el reconocimiento que recibía. Eso para mí era la recompensa de soportar críticas, burlas y rechazos. Cuántas lágrimas, cuántos rechazos, cuánta indiferencia sólo por querer ser agradecido con la persona que te dio la vida, pero no importa, al final valió la pena.

Quizás pasaste por lo mismo, tal vez alguien cercano está pasando una situación similar. ¿Sabes algo?, es temporal. Todo pasará. Al final de cuentas sólo estás formando el carácter. No trates de parecerte a nadie, ni buscar aceptación. Tú eres único y como eres serás ejemplo para muchas personas que seguirán tus pasos.

Lo que hagas (estudio, trabajo, etc.), hazlo con todo empeño, no te conformes con hacer las cosas a medias. Sé un profesional y destacarás en donde estés.

# Una milla más

Comencé a trabajar desde mi adolescencia debido a la necesidad que había en mi casa. Yo fui madre a una temprana edad, pero gracias a Dios que fui una madre responsable a pesar de ser muy joven. Viéndome en esa situación tenía que ver cómo sacar a mis hijos adelante. Por la responsabilidad de ser madre, tuve que trabajar en muchas fábricas en Honduras. Trabajé en una compañía donde se ponía los tapones en envases de plástico, y en muchos otros trabajos de los cuales aprendí bastante.

Un día mi mamá tomó la decisión de irse a los Estados Unidos. Cada vez que mi mamá nos llamaba nos decía que un día íbamos a estar con ella, y que los Estados Unidos era el país de las oportunidades. Por fin llegó el día en que mi mamá me mandó a buscar. Estaba feliz, pero a la misma vez tenía sentimientos encontrados: Alegre porque iba a mirar a mi mamá y triste porque iba a dejar a mis hijos. Llegó el día, imagínate, ¿cómo iba a despedirme de mis hijos? Fue un día que jamás olvidaré. Lo digo de esta manera porque es imposible borrar de mi mente la imagen de mis hijos, rogándome que no me fuera. No tuve de otra más que decirles a mis hijos que pronto regresaría por ellos, que sólo iba a la tienda. Mirando las caritas de tristeza de mis hijos me propuse luchar por lo que ellos se merecían, no solamente lo que estaba a mi alcance. Me vine con sueños de prosperar y de darles una vida mejor a mis hijos que la vida que yo tuve.

En el año 1992 llegué a Estados Unidos, a Los Ángeles, California. La situación que mi mamá llevaba no era la vida que yo pensaba. Tuve mi primer trabajo cortando hilos a la ropa, luego limpiezas de oficinas, y en otros trabajos. Mi ilusión y mi sueño más grande era volver a vivir con mis hijos.

Con mucho esfuerzo, a los cinco años logré hacer mi sueño realidad, y mis hijos pudieron estar conmigo. Como ya tenía a mis hijos cerca, empecé a buscar emprender mi otro sueño, el de estudiar. Quería sacar mi título de enfermera y aunque el idioma inglés no era mi fuerte, no dejé que ese fuera un impedimento para ejercer mi profesión. En el día, de 8:00 a.m. hasta 2:00 p.m. estudiaba, en la tarde le daba tiempo a mis hijos y trabajaba en limpieza de oficinas en la noche. Sabía que cuando uno se propone algo y trabaja duro para hacerlo realidad, uno lo puede lograr.

Con esfuerzo y mucho trabajo logré sacar el título de enfermería. En el mes siguiente, después de haberme graduado, empecé a trabajar en un hospital. Fue un trabajo donde aprendí mucho, por ejemplo, cómo tratar a los pacientes y sus familiares. Ese trabajo yo lo desempeñé con mucho amor porque yo sentía que estaba ayudando a las personas que ya no podían valerse por sí mismas.

A pesar de los altos y bajos, logré mis metas. La primera de ellas era tener a mi familia reunida, y la segunda fue verme realizada profesionalmente. Y aunque tenía que trabajar de noche, muchas veces cansada o estresada, siempre fui muy profesional con los pacientes, pues me esforzaba por dar lo mejor de mí en cada momento.

Te invito a luchar por tus metas y a disfrutar cuando tengas el triunfo. Nunca te olvides de dar siempre una milla más.

*Sonia De León*

# La montaña de aprendizaje

¿Se han dado cuenta que las personas mayores tienen la tendencia de tener miedo a la tecnología? Lo ven como una montaña enorme que no pueden escalar.

Mi nombre es María, y aunque no soy una persona mayor, tenía cierto temor a las cosas nuevas, tales como la tecnología, los libros, los números y letras. Debido a las necesidades económicas en mi infancia, no pude ir a la escuela y como consecuencia no aprendí a leer, escribir, y mucho menos sabía usar los famosos «teléfonos inteligentes», notebook, o aparatos así. Regularmente buscaba la vuelta para no usar esas cosas.

Al tener la oportunidad de tener mi propio negocio, me di cuenta que la mayoría de las personas sabían usar la tecnología y me decía, *Yo no puedo hacer esto.* Era una montaña y mi condición no me permitía subirla, no porque no haya estudiado sino porque mi pensamiento era negativo.

A través de audios y eventos empresariales, empecé a creer que yo también podía.

Me enseñaron a hacer mi primera orden. Yo sacaba sólo las claves de los productos, y a través de eso pude aprender a hacer las órdenes por Internet. Muchas personas se sorprenden porque aunque no sé escribir y leer, yo busco la manera de hacer las cosas, y lo logro.

No te aferres al lamento de no haber podido ir a la escuela, pues hoy tienes una nueva oportunidad para aprender. La mejor carrera que he podido estudiar ha sido a través del Sistema de Capacitación, el cual me empodera a desarrollar mi propio negocio.

Te invito a que creas que sí puedes avanzar; adquiere nuevos conocimientos. Y si eres una persona que tuvo la oportunidad de estudiar, recuerda: La educación es una montaña que nunca termina, pues siempre hay nuevos horizontes que alcanzar.

*María Isabel Lagunas*

# El traje reducido

No olvidaré ese fin de semana en Oregón. Estaba muy contento porque tenía algunos días que había tomado la oportunidad de comenzar mi propio negocio. Estuve asistiendo a algunas reuniones y también escuchando sobre la importancia de darle una buena presentación a nuestro negocio para poder tener mejores resultados.

Ese día había cambiado mi cheque del trabajo, y saliendo de ahí me fui a comprar mi primer traje. Recuerdo que nos recomendaban que podíamos encontrar trajes buenos en la segunda para no hacer un gasto grande en uno nuevo y para que nuestras finanzas no se afectaran, así que llegué ahí y entré a la tienda. Imagínense, la única vez que usé traje fue cuando hice mi primera comunión—así comenzó la aventura.

En la tienda me probé algunos trajes que me gustaban por el color pero no me quedaban bien. De repente me probé otro. En cuanto me lo puse sentí que las medidas eran hechas para mí. El único problema que le vi fue que era verde oscuro y las recomendaciones que nos daban eran que sea de color azul oscuro, negro, o gris oscuro. Sin embargo, éste me quedaba súper bien y me gustó el precio. Estuve pensando por un buen rato… *¿Lo compraré? ¿No lo compraré?* y ¿qué creen? Sí lo compré. Me dije, *Al cabo no es mucho y así me podré ver diferente a los demás socios.* Ahora que me acuerdo me da risa.

En la próxima reunión, muy emocionado, me llevé ese traje. La gente me miraba y yo decía dentro de mí, *Ya ves cómo se me quedan viendo, envidian mi traje.*

Mi tío me dijo, «Héctor, ¿no crees que ese traje está muy verde?»

Le dije, «No se mira mucho en la noche». Pero yo sabía que en el día y con el sol, el verde resplandecía.

Pasaron los días y se me ensució y pues había que lavarlo.

¡Ándale que se me ocurre meterlo a la lavadora! Yo no sabía que se tenía que llevar a la tintorería. Cuando lo saqué de la lavadora el traje se había hecho chiquito. Me daba risa y pues obviamente ya no lo pude usar—se había arruinado. Ahora que me acuerdo, doy gracias a Dios que lo metí a lavar para ya no usarlo, pues no era el color adecuado.

Te comparto mi experiencia para que te des cuenta de que no nacimos con traje. En algún momento tomamos la decisión de vestir como empresario y representar un negocio grande. Parte del profesionalismo es saber estar acorde a las reglas y costumbres de la organización. Esas decisiones nos han traído resultados en el negocio.

Yo te animo a que hagas ese cambio siguiendo las recomendaciones de tu equipo de apoyo y de gente que te está guiando. ¡Tú puedes hacerlo! Si para un patrón nos ponemos uniforme, por supuesto que para tus sueños serás capaz de hacer el cambio.

*Héctor Ramírez*

# Corazón de piedra

Vienen a mi mente aquellos días del mes de abril de 1999, en Querétaro, México, donde mi abuelito «Papá Moy» trabajaba de jardinero en la casa vacacional de Don Miguel, un empresario que tenía negocios en Estados Unidos, país donde radicaba con su familia. Don Miguel solo utilizaba esa casa para pasar sus vacaciones, mismas vacaciones que yo me pasé ayudándole a mi abuelito con sus deberes.

Papá Moy siempre trabajaba muy tranquilo cuando ellos no estaban ahí. Pero un día recibió la llamada de Don Miguel diciéndole que preparara todo en la casa, ya que él y su familia iban a llegar en dos días. Entonces vi como a Papá Moy le cambió el semblante, ya que sabía lo complicado que era tratar con ellos.

Finalmente, la familia llegó, les dimos la bienvenida y los ayudamos a instalarse. La primera impresión que tuve de ellos fue positiva, pues era de suponerse, ya que lucían contentos por sus vacaciones.

En los días siguientes, noté que sus actitudes eran muy exigentes y demandantes hacia mi abuelito. Eso me molestó tanto que estuve a punto de reprochárselos, pero mi Papá Moy me tranquilizó y me dijo, «No vale la pena ponerse contra ellos. Ya estoy viejo, ellos son los únicos que me han dado trabajo y no quisiera arriesgarlo».

Comprendí que era la única fuente de ingreso que tenía y decidí no agravar la situación, pero impulsado por ese incidente, tomé la decisión de ayudarle más con sus labores, para que no fueran tan pesados sus días.

Pasaron dos semanas y los maltratos no cesaron. «¡Moisés, limpia la alberca que queremos meternos a nadar, rápido! Moisés, prepara las mesas, las sillas y las luces para la cena con mis invitados. Moisés esto», «Moisés lo otro…»

Mientras tanto yo sentía un cierto resentimiento contra las personas ricas. Llegué a pensar que ellos no tenían sentimientos y que no les interesaba el valor humano de las personas pobres—en pocas palabras, que tenían un corazón de piedra.

Esas vacaciones, me hicieron reflexionar mucho acerca del trabajo, el sacrificio y el precio que mi abuelito estaba dispuesto a pagar con tal de llevar el pan a la mesa. Aprendí que todas las personas valemos mucho y que nadie, por más profesional, por más dinero y por más poder que tenga, tiene el derecho de pisotearnos.

Desde ese día yo me hice una promesa, que un día yo iba a hacer algo grande con mi vida, ganar mucho dinero, sacar a mi abuelito de trabajar y darle la vida que él tanto se merece.

Pero sobre todo, prometí que cuando tuviese mucho dinero, yo no iba a ser igual que Don Miguel, porque el dinero no determina tu valor como persona.

Te invito a que reflexiones en tu trato hacia los demás, tengas poco o mucho dinero. No dejes tu sencillez y sobre todo, no olvides tus raíces.

*Eduardo Fernández*

# Kinder de ilusiones

Cierro mis ojos y puedo recordar como si fuera hoy, en este mismo instante, cuando tenía tres años. Todas las mañanas como era costumbre, mi mamá me llevaba al mercado con ella para comprar lo que utilizaría para preparar los alimentos de ese día.

En esa hora de la mañana, el mercado lucía hermoso. El ambiente era vestido por los vegetales, las frutas frescas, las canastas y botes con flores de bellos colores con gotitas de agua en sus pétalos, el aroma de los tamales con hojas de milpa, los chicharrones calientitos, las gorditas de frijol que vendía Doña Chimina y la barbacoa en canasta cubierta con hojas de plátano que vendía Don Adrián.

Es algo que nunca voy a olvidar, pero no se comparaba con el kinder que estaba frente al mercado. Mis ojos y mis pensamientos se fijaban en las niñas y los niños que eran traídos por sus hermanos mayores o por uno de sus padres; sus zapatos, sus vestidos blancos y moños en el cabello, bien peinados.

Recuerdo que agarraba de la mano a mi mamá y le enseñaba a los niños, entre ellos, mi amiguita y vecina Rosalba. Le decía a mi madre que yo quería ir al kinder. Ella me decía que no porque se iba a retrasar con su costura. Ella era sastre y de esa manera aportaba al hogar para ayudar a mi papá.

En algunas oportunidades las señoras preguntaban por qué no me llevaba ella al kinder, pero ella les decía lo mismo, «Pronto irá a la primaria». Eso me hacía sentir bien.

Con el tiempo me di cuenta que eso afectó el primer año de primaria. La mayoría de los niños en mi grupo asistieron al kinder y se podía notar que sabían más que yo. Ellos pasaron a segundo grado y yo reprobé. El siguiente año escolar pasó lo mismo: ellos pasaron, y yo reprobé.

Ahora, construyendo mi propio negocio, lo comparo con los socios que no quieren seguir sugerencias, que no estudian en secuencia del sistema, que hay que implementar para generar resultados más sólidos. Así se la pasan repitiendo el mismo nivel por un buen tiempo. Recuerda: El apalancarse y aprender bien los pasos básicos puede ser tu kinder.

Te invito a que sigas sugerencias de líderes en tu industria que están generando resultados. Sé humilde; no tomes atajos; no te brinques los pasos y el éxito te llegará.

No es bueno usar atajos—es mejor ir por el camino correcto—te tomará más tiempo pero eso perdurará.

*Rosalía Sánchez*

# Un valioso secreto

Mi papá era mecánico y tenía un taller propio, el cual debía surtir de material hasta dos veces por semana. Para eso debía viajar a la Cd. de Mexicali, que se encontraba a dos horas de distancia de donde nosotros vivíamos.

A él no le gustaba viajar sólo, así que un día antes nos reunía a todos y nos decía, «Mañana voy por material, ¿quién me va a acompañar esta vez?» ¡Y todos levantábamos la mano, mientras gritábamos a todo pulmón, «Yo, yo, yo», pero sabíamos que sólo dos podíamos ir, ya que en su camioneta sólo había lugar para dos pasajeros. Esta misma escena se repetía cada semana—él se reía y nos decía, «Sólo va a ir el que madrugue».

Hubo un día en especial, que me encanta recordar. Era verano, estábamos de vacaciones y por esa razón se nos permitía ir a la cama hasta muy tarde, así que cuando él nos anunció la salida, mis hermanos y yo dudamos en si ir a dormir para poder madrugar, o seguir jugando. Niños al fin, optamos por lo segundo.

Esa noche mi hermana Anita (mayor que yo) me pidió que la despertara, pues ella ya tenía tiempo que no disfrutaba de un viaje de estos. Ella me dijo, «Norma, por favor, no seas malita, háblame cuando te levantes, yo quiero ir».

«Está bien», le contesté, «pero ya déjame dormir».

¿Dormir? ¿Quién pensaba en eso cuando estaba en juego un día tan maravilloso?

Yo tenía ocho años, pero mis hermanos mayores sabían que si alguien iba a estar en ese viaje era yo. Ellos siempre querían saber cómo yo hacía para despertarme antes que mi papá, si todos nos íbamos a la cama a la misma hora, pero ese era mi secreto más valioso.

La verdad es que yo esperaba a que todos se durmieran, entonces salía de mi cama sigilosamente y en medio de la oscuridad e intentando no hacer ruido iba y me sentaba en la entrada del cuarto de mis padres, sin importarme lo frío del piso, dormitando por momentos, a veces asustada, pero ahí me quedaba toda la noche pensando, *No hay por dónde salga papá sin que yo me dé cuenta*. Había dos cosas de las cuales debía cuidarme: no quedarme dormida y que no me descubrieran.

Cuando por fin amaneció, vi a mi papá salir y con mucha sorpresa me dijo, ¿Norma, no me digas que pasaste aquí toda la noche?»

Yo contesté, «¡Sí!»

Levantándome en sus brazos volvió a preguntarme, «¿No has dormido?»

«No», le contesté.

«Pues vámonos, te lo tienes bien ganado», mientras se encaminaba hacia la salida conmigo en brazos.

De pronto, intentando bajarme, le digo, «Espere, tengo que despertar a Anita, ella también quiere ir».

Pero él mirándome muy serio me contestó, «¡No mija! Si de verdad quisiera ir aquí estuviera contigo. ¡No la despiertes, esto te lo ganaste tú!»

Ese día mi padre me enseñó una lección muy importante. Si realmente quieres algo en la vida debes demostrarlo. La puntualidad muestra compromiso con tu sueño.

Comenzar el día bien temprano es uno de los secretos más valiosos de las personas de éxito. Levántate temprano cada día y demuestra que realmente quieres hacer este viaje de ir tras los sueños genuinos que hay en tu corazón.

*Norma Sandoval*

# El mayor obstáculo

Acepté una invitación fuera de lo común: emprender una oportunidad de negocio. Me encontraba en un momento de mi vida profesional muy próspero.

Había trabajado un tiempo en mi profesión (médico cirujano dentista) pero en la actualidad era narrador deportivo en los medios de comunicación. Me rodeaba de muchas personas, así que sabía que adaptarme a una nueva actividad no sería tan sencillo y aunque estaba convencido de que el proyecto era prometedor, el entorno no estaba a mi favor.

Después de un corto tiempo como socio, me di cuenta que mis criterios y conceptos no encajaban con el resto de las personas en la oportunidad. Mis apreciaciones eran diferentes. Las tareas no las asimilaba, así es que les confieso, tuve la intención de renunciar porque sentía que las mecánicas para un empresario no estaban bien aplicadas, menos para la lógica de una persona de mi estatus.

El negocio de venta directa lo entendí de inmediato, comprar en la empresa para ganar dinero e invitar a gente para escalar niveles, capacitarse y especializarse como empresario. No había secretos—la técnica era clara, genial y efectiva, pero… tener la responsabilidad de inculcar nuevos hábitos y rutinas en nuestra gente. *¡Eso sí, me parecía una tarea casi imposible!* pensé. Yo no tenía el tiempo, ni la preparación, ni la paciencia para hacerlo, era inaceptable y así que no estaba dispuesto a perder mi valioso tiempo enseñando o entrenando a otros.

Mis retos seguían, las recomendaciones de los líderes, según yo, se salían de contexto. Mi cabeza estaba inundada de dudas. Mi lógica decía que un empresario debe educar a un principiante y no a un «alumno en desarrollo» (como yo, que acababa de entrar, me sentía con gran capacidad para hacer las cosas sin mucha instrucción). Mi obstinación hacia ciertas recomendaciones inevitables, me pusieron al borde de desistir.

La situación tocó fondo cuando me aconsejaron posponer actividades que habían sido parte de mi vida y de mi cultura y que me consumían el tiempo (malos hábitos). Hábitos que no estaba dispuesto a sacrificar. También tener que tocar puertas para buscar gente cuando lo que me sobraba eran personas para invitar gracias a mi popularidad. Esto fue lo que me provocó un sentimiento de humillación y vergüenza; una práctica que jamás imaginé que iba a realizar, ya que mi educación y mi nivel no estaban para esas actividades.

La decisión de dejar el negocio estaba tomada, nada podía evitarlo. Sin embargo, cuando regresé a mi rutina como periodista deportivo, observé a mis compañeros de trabajo, sus pláticas, sus hábitos, su vida, su entorno y su visión al futuro. Percibí una rutina de ego, fantasía, incertidumbre y dudas, maquillada con solvencia financiera temporal, me presentaba un mundo lleno de inseguridad.

Afortunadamente, una luz se prendió en mi mente. Sin querer, ya había sido modificada, gracias al Sistema de Capacitación en el trabajo personal, integral, lleno de valores y de humildad— herramientas que de alguna forma modificaban mis conceptos y me ayudaban en el trabajo de apoyo para las personas independientemente de su nivel social y cultural, luchar con ellos en la superación general.

Capaz piensas o pensaste alguna vez como yo. No permitas

que tus estudios, profesiones, prejuicios, ego, popularidad o cualquier cosa se interponga en el poder aprovechar oportunidades que ofrece un país que tiene como base la libertad de empresa. Usa tu conocimiento previo a favor del crecimiento de tu negocio, de lo contrario el mayor obstáculo serás tú mismo.

*Samuel Jacobo*

# Parte 3

## Semillas de Aprendizaje y Entendimiento

# Es tiempo de aprender

A la edad de 11 años yo tuve que aprender inglés para poder comunicarme. La manera que pude aprender rápido fue leyendo un diccionario de español a inglés. Primero leía la palabra en español y después en inglés—para mí eso era más práctico.

Otra manera fue viendo varios programas en la televisión como «Martin», caricaturas, y más. No entendía nada pero sabía que un día iba a aprender.

También me ayudó mucho leer libros en inglés. Mis amigos se burlaban cuando leía porque no sabía pronunciar muy bien las palabras. Decían que nunca iba a aprender el idioma. A pesar de eso no me desanimé y continué intentándolo.

Cuando empecé a ir a séptimo grado de secundaria no podía comunicarme mucho con los estudiantes porque no hablaba mucho inglés. Fue un reto grande para mí. Sentía que nunca iba a aprender el idioma, y hasta pensaba dejar la escuela pero me di cuenta que esa no iba a ser la mejor decisión. Así que persistí en cumplir mi meta.

Cuando ya había terminado mi segundo año de escuela ya podía comunicarme un poco mejor porque todas mis clases ya eran en inglés, por lo tanto, yo tenía que estar al tanto de lo que estaba pasando. Después empecé la preparatoria y ahí fue cuando me di cuenta lo mucho que me faltaba por aprender.

Sentía desesperación y frustración por aprender el idioma inglés pero entendí que si uno no pone tiempo y dedicación nunca va a poder hablar el idioma. Muchas veces perdemos tiempo en otras cosas que no valen la pena y después nos arrepentimos de lo que no hicimos.

Cuando uno piensa en residir en otro país como éste, siempre tiene que aprender otro idioma, no importa si uno viene por cinco años o para toda la vida. El aprender el idioma inglés le puede ayudar a uno conseguir un mejor empleo, seguir estudiando, o poder comunicarse con muchas más personas.

Si ya radicas en Estados Unidos no desperdicies más el tiempo. Te invito a que tomes el tiempo de aprender el inglés porque les puede pasar lo mismo que a muchos personas que conozco: 30 años en este país y no se pueden comunicar en inglés.

Esfuérzate por mejorar cada día, invierte bien tu tiempo y recuerda: ¡Es tiempo de aprender!

*José Arturo Arroyo*

# Viendo la tenacidad

En 1995, era una niña de seis años de edad. Vivía con la compañía de mis papás que me amaban con todo su corazón, al igual que a mis hermanos. Éramos una familia feliz porque todo lo que hacía mi papá Ricardo y mi mamá Elfega, era asombroso para nosotros; era lo máximo. Vivía con mi corazón contento todos los días.

Veía a mi papá levantándose todos los días a las 5:00 a.m. para alimentar a las gallinas, los patos, los puercos, los burros y ordeñar las vacas para después dejarlas ir a comer al campo. Luego de desayunar, mi papá se iba a trabajar al campo (las montañas) en la siembra de maíz, frijoles y plátanos. Eso sí, el mayor deseo de mi papá era que sus hijos aprendiéramos a leer y a escribir, que fuéramos alguien en la vida y viviéramos en una ciudad.

Un día mi papá se propuso tomarse el tiempo para traer un maestro hasta donde nosotros vivíamos, porque en esa área era muy difícil que mandaran maestros, ya que era una zona rural.

Mi papá tomó la iniciativa antes que el maestro llegara.

Como todo un maestro, trajo un pizarrón, borrador, gises y se puso a impartir clases en el patio de nuestra casa. Yo podía ver la pasión de mi papá enseñándonos como todo un maestro. Nos enseñó el abecedario y a leer. Fueron tiempos inolvidables.

A pesar de que mi papá era huérfano y tuvo poca educación escolar—sólo cursó primaria—sus calificaciones siempre eran de diez. Yo lo admiraba por ser muy inteligente, humilde y soñador. Lo que se proponía, lo lograba, y por cierto, tenía muy bonita letra. Era muy respetuoso con mi mamá, en casa no se escuchaban malas palabras.

Fuera de casa, con los vecinos era servicial, bondadoso, ayudaba al prójimo, y ayudaba a familiares a construir sus casas.

Ayudó a sus abuelos maternos Alejo y Tomasa en todo lo que ellos necesitaban. Los tenía en su propia casa y hasta ayudó a construir la escuela del pueblo. ¿Verdad que es para sentirse orgullosa de tener un padre así?

Por fin llegó el maestro, y yo ya sabía leer y escribir. Mi papá invitó a todos los padres a traer a sus hijos para que fueran a la escuela y así todos se beneficiaron.

Gracias al ejemplo de mis padres por darnos lo mejor, me siento comprometida de honrar su esfuerzo. Eso me hace seguir luchando, esforzándome todos los días para ser una mujer tenaz, hacedora, segura de mí misma y soñadora, porque no se vale quedarnos sin hacer nada ya que nuestros padres nos dieron todo para ser lo que somos hasta el día de hoy. La visión de mi padre se cumplió: Ahora vivo en una ciudad y lucho por superarme día a día.

Una persona tenaz es aquella que pone mucho empeño y no desiste en algo que quiere hacer o conseguir. Te invito a ser una de estas personas.

*Edilia Barrera*

# El ejemplo de papá

Mi papá ha sido de gran impacto en mi vida porque me ha dejado muchas enseñanzas, que aún de adulta me acompañan, y siempre ha sido un gran ejemplo a seguir. Él siempre quiso estudiar pero por falta de recursos económicos, no lo pudo lograr. A su corta edad tuvo que trabajar para poder ayudar a su familia, y así fue creciendo hasta encontrarse casado con cinco hijos que estaban repitiendo su misma historia. Sin embargo, nunca se le olvido ese gran sueño, y decidió estudiar.

Una bonita experiencia que les puedo contar es que cuando yo empecé la preparatoria, mi papá decidió estudiar y pudo alcanzarme. Estábamos en la misma preparatoria. Yo estudiaba por las mañanas y él por la noche. Empezó con la secundaria, preparatoria y la carrera de maestro. Yo miré como mi padre se esforzaba estudiando hasta altas horas de la noche después de llegar de trabajar.

En momentos, nuestras situaciones económicas eran difíciles pero él nunca se rindió. A pesar de que él era el chófer de la preparatoria donde yo estudiaba, llegó a ser maestro. Él fue sembrando en mí esas ganas de ser alguien en la vida.

Todavía recuerdo que cuando era niña, como a la edad de cinco años, me sentaba en sus piernas y me preguntaba: «¿Qué va a ser mija cuando sea grande? ¿Licenciada? ¿Abogada? ¿Maestra?»

Eso a mí me hacía sentir protegida y segura, con creencia de que yo podía hacer cualquier cosa porque había alguien que me estaba construyendo. Pero lo más importante es que me sentía querida, porque lo que mi papá quería era darme esa confianza de realizarme profesionalmente.

Es muy importante lo que le estamos diciendo a nuestros hijos. Tenemos que construirlos y crear esa confianza, porque eso va a perdurar durante toda su existencia. ¿A ti te gustaría ser un ejemplo para tus hijos?

> «*Para estar en los recuerdos de tus hijos el día de mañana, es necesario que estés presente en sus vidas el día de hoy.*»
>
> **Bárbara Johnson**

*Hilda De La Torre*

# La portada del libro

El teléfono sonó y era un número muy familiar, la hermana de mi mamá, mi tía Yesenia. En ese momento nos encontrábamos haciendo un pequeño trabajo de construcción en casa. De esto hace más de ocho años, pero todavía recuerdo las palabras de mi tía: «¿Tony, qué haces hoy como a las ocho de la noche?».

Con un poco de duda pregunté, «¿Por qué?», pensando que me quería invitar a algún evento de su iglesia. No es que fuera malo pero ya lo había intentado y yo me negaba. Para mi sorpresa me dijo, «Te invito a ver un negocio». Volví a cuestionar, «¿De qué se trata?»

Me respondió, «Se trata de una oportunidad para generar un ingreso extra». Acepté la invitación; le comenté a mi esposa y rápidamente ella me contestó que no, que fuera yo solo, a lo cual yo me negué y no sé si fue mi mirada de enojo, pero logré que me acompañara, al igual que mi papá, mi mamá y mis dos hijos. Decidimos llegar un poco tarde para aparecer cuando ya todo hubiera comenzado (una muy mala costumbre de nuestra cultura). Para mi sorpresa, cuando llegamos ellos nos estaban esperando para comenzar.

Nos sentamos en la sala e inmediatamente me percaté que habían alrededor de ocho personas—los hombres muy bien vestidos con traje oscuro y las mujeres con sus faldas. Yo pensé,

*Ahora sí, que mi tía me atrapó con sus cosas de la iglesia,* pero no me quedó más remedio que quedarme ahí pues ya estábamos sentados.

Mi esposa, que había llegado bastante molesta, se veía aún más enfadada al mirar todas esas personas. Sus ojos me decían: Cuando regresemos a casa platicamos.

En ese momento pasó una pareja a hablar frente a la pizarra blanca que estaba colocada justo frente a nuestras miradas. Ella, la persona que pasó al frente, empezó a hablar muy bien de su esposo—algo que inmediatamente capturó mi atención— lo presentó y él comenzó con una pregunta, «¿Cómo te caerían unos $3.000 dólares extras al mes?».

Creo que le contesté un poco arrogante y le dije, «Ya los gano», y él me respondió con una sonrisa. Inmediatamente mi meta fue borrar esa sonrisa de su rostro, pero no lo logré. Me respondió, «Felicidades». Creo que su respuesta me molestó más, pero seguí escuchando. Más delante yo entendí o creí haber entendido de lo que me iba a hablar y le afirmé que yo ya sabía lo que él iba a explicar. Él extendió su mano como queriendo pasarme el marcador con que se disponía a escribir en ese pizarrón blanco, diciéndome, «Pues, pasa y nos lo muestras».

Respondí con bastante vergüenza, «No, está bien, continúe». Continuó dando su información.

Al punto que pretendo llegar es que a veces tendemos a juzgar antes de conocer todo el panorama completo y cerramos nuestros pensamientos a las nuevas cosas o ideas sin darnos el espacio mental de informarnos. A pesar de mi mala actitud, me di la oportunidad de emprender un negocio y con el tiempo, aprendí que siempre hay que saber escuchar y no solamente juzgar el libro por su portada.

*Marco Mendoza*

# El extraterrestre en la Tierra

El conocerte a ti mismo trae felicidad a tu vida.

Tenía unos meses en el negocio cuando la persona que me estaba ayudando con mi negocio me sugirió que leyera el libro, *Enriquezca su personalidad.* En cuanto lo pude adquirir lo empecé a leer y desde que comencé en la introducción me cautivó el contenido. Acostumbraba no sólo leer un libro, sino sacarle el mejor provecho, subrayando y haciendo notas de lo más relevante, escribiéndolas en una libreta especialmente apartada para los apuntes de los libros. La mejor hora para leerlo era en la noche cuando ya no había ningún ruido.

De este libro pude aprender que existen cuatro temperamentos, y cada persona puede tener dos o tres de ellos pero existe uno que es más predominante que los demás. Tú ya naces con tu temperamento; es como el color de tus ojos—ya no lo puedes cambiar—pero sí puedes aprender a trabajar en las debilidades de tu temperamento, y de esa manera, entender a los otros temperamentos.

Te voy a resumir cada uno de ellos para que puedas entenderme mejor:

## A los que les gusta dirigir
- Fortalezas: líder, atrevido, dominante, competitivo
- Debilidades: mandón, impaciente, franco, manipulador

**A los que les gusta disfrutar de la vida**
· Fortalezas: sociable, optimista, alegre, inspirador
· Debilidades: indisciplinado, olvidadizo, descuidado, desorganizado

**A los que prefieren evitar el conflicto**
· Fortalezas: paciente, escucha, adaptable, amigable
· Debilidades: temeroso, dudoso, lento, indeciso

**A quienes le apasiona la información**
· Fortalezas: organizado, leal, persistente, analítico
· Debilidades: pesimista, resentido, vengativo, inseguro

Al encontrar mi temperamento, pude darme cuenta que no era rara o anormal ya que antes de saber esta información me sentía como un extraterrestre viviendo en la tierra.

Después de leer ese libro empecé a ver que había más personas con mi mismo temperamento y eso era algo que anteriormente no podía ver. Pude comprender que no todos pensamos iguales y así logré tener más empatía con mi esposo, padres y todas las personas que se encontraban a mi alrededor.

Este aprendizaje trajo a mi vida claridad y aceptación a mí misma, lo cual me inspiró a seguir leyendo y aprendiendo más para poder relacionarme mejor con todos.

Empieza a cambiar tu vida con información que te construya día a día y te ayude a ser mejor.

*Maribel Ávila*

# Frente a los jueces

¿Les ha pasado que fallan en algo y les da miedo volver a intentarlo? Mucha gente lo vuelve a intentar inmediatamente después del fracaso, pero muchos otros podemos tardar años en atrevernos de nuevo por temor a fracasar otra vez.

A la edad de trece años cursaba la escuela secundaria en San Luis Potosí, México. Era una joven muy dedicada a mis estudios, porque así me enseñaron mis padres. Un día, en el año 2001, estábamos todos los alumnos sentados en nuestros lugares; pasó el profesor al frente y nos dijo: «Quiero que ustedes elijan a tres de sus compañeros para competir en el concurso de oratoria. Competirán a nivel escolar, y después estatal». Entre todos mis compañeros dimos nuestros votos. Cuál sería mi sorpresa que quedé entre uno de los tres seleccionados para competir. Sentí emoción, entusiasmo, compromiso, nerviosismo; una serie de sentimientos invadieron mi mente.

Cuando llegué a casa les di la noticia a mi mamá y a mi tía Anita. Ellas habían sido campeonas de oratoria y poesía en sus tiempos, así que esperaban lo mejor de mí. Entre las dos me ayudaron a escoger y desarrollar mi tema, a estudiarlo y practicarlo, y me daban consejos de cómo debía hacerlo. Mi mamá me repetía a cada momento, «Monse, tú puedes ganar, solo estúdialo bien y practícalo mucho», y así lo hacía; puse mucho empeño y trabajo.

Llegó el gran día; la competencia casi empezaba. Prepararon el micrófono; los tres jueces salieron a sus puestos, con su mirada firme y desafiante. Mi compañera Anita, mi compañero Alejandro y yo nos sentamos juntos para apoyarnos el uno al otro. Comenzábamos a ponernos nerviosos porque casi era nuestro turno.

Anunciaron mi nombre por la bocina: «María Monserrat, pase al frente». Yo dije, «Dios, ayúdame». Me paré frente al micrófono, saludé a los jueces y al público presente, dije el tema que iba a hablar y comencé.

No había dicho más de un párrafo cuando mi mente quedó en blanco. Sabía que me faltaba hablar más de una hoja y media que me había aprendido de memoria, pero ¿qué decía esa hoja? No logré recordarlo. Bajé llorando del escenario. Eso marcó mi vida; me sentí triste, derrotada, sentí que había decepcionado a mis compañeros, profesores, a mi tía y sobre todo, a mi mamá.

Cuando inicié el negocio, el primer miedo que tuve fue hablar frente a un público, porque siempre recordaba aquel día. Pero sabía que ese día iba a llegar y gracias a que mis líderes me animaban, logré por primera vez exponer mi primer tema. Me di cuenta que sobrepasé esa barrera de la timidez e inseguridad.

Te invito a superar tus barreras mentales; la timidez, el miedo y la inseguridad te paralizan ante la realización de tus sueños. Atrévete a superarlas. No te imaginas a cuánta gente puedes ayudar con tu testimonio y ejemplo de superación personal. Te sentirás orgulloso de ti mismo por haberte atrevido a conquistar tus miedos. Recuerda que:

*Todo lo que siempre has querido está al otro lado del miedo.*

**George Addair**

*Monse González*

# Virus inyectado

*«Necio es quien nunca lee el periódico, y más aún quién siempre le hace caso.»*
(August von Schlözer, historiador y escritor, 1735-1809)

Hace más de doscientos años este escritor dijo que no se podía creer todo lo que decían los periódicos. Ahora pasa algo muy similar: No se puede creer todo lo que dice el Internet. Gracias a la tecnología, hoy en día podemos leer muchísimas cosas. Muchas cosas son ciertas y útiles, pero muchas son mentiras muy peligrosas. Por eso tenemos que tener cuidado.

Recuerdo al ingresar a una oportunidad de negocios, estar muy emocionado, pero como todo nuevo empresario, la poca información que en ese momento teníamos nos hacía vulnerables a las opiniones de gente con información errada acerca del mercadeo en red.

En específico recuerdo ese día. Mónica, mi esposa, estaba esperándome en el cuarto. Al llegar, me comentó que un amigo de su trabajo se había encargado de entregarle una información negativa que estaba en Internet acerca de la industria y de nuestra compañía. Recuerdo bien sus palabras: «Mira esto que está en Internet acerca de tu negocio, todo lo malo sin omitir nada». Ella estaba leyendo toda esa basura negativa, y en cierto momento me afectó. Me sentí como si se hubiese quebrado algo dentro de mi emoción. Gracias a las personas que nos estaban guiando en ese momento y a su capacitación, nos pudieron ayudar a despejar todas esas dudas e incertidumbres que sentimos en ese momento. Sabíamos que necesitábamos algo diferente en nuestras vidas y decidimos sabiamente no dejarnos llevar por alguien que no estaba desarrollando este negocio.

Ese día fue muy valioso y aún sigue siendo de muchísimo aprendizaje para mí, porque me pude dar cuenta, con el pasar del tiempo y al exponerme a información correcta, que no todo lo que dicen las personas a través del Internet es precisamente verdad. Hemos seguido aprendiendo e informándonos de fuentes confiables y verdaderas; cada vez estamos más emocionados por haber encontrado nuestro vehículo correcto que nos conducirá hacia un futuro mejor para nuestros hijos y nuestros padres.

Nuestro consejo para ti es que te informes, que no permitas que la información errada de una herramienta tan poderosa como el Internet te sea inyectada como un virus que puede robar un futuro de éxito y prosperidad para ti y tu familia, y que puedas encontrar el compromiso para profundizar en el vehículo tan poderoso que tienes en tus manos y logres tu libertad.

*Emilio Montenegro*

# Venciendo el miedo

*«Toda persona exitosa no se mide por los retos que enfrenta sino la manera en que los enfrenta.»*

Hace unos años fuimos invitados, mi esposa Verónica Pineda, y yo, a dar un Open de Superación Personal. Fue nuestra primera prueba de liderazgo que se llevó a cabo en la ciudad de Burbank, California.

Un día, unos líderes en el negocio nos llamaron y nos dijeron, «Tienen un gran privilegio, ¿nos podrían dar una charla en una reunión abierta al público?». Fue un día lleno de emociones porque por primera vez íbamos a estar en un escenario, dando creencia y esperanza a más gente. Era un día lluvioso, pero eso no opacó la fe y mucha esperanza que nosotros podíamos; lo hicimos. Estábamos realmente entusiasmados.

Para nosotros era enfrentarnos a nuestro primer reto. Yo me decía, ¿«Iré a poder?», pero por dentro me repetía, ¡Sí vamos a poder! Cuando llegó lo inesperado —Aplausos, porras y globos— era nuestro momento de pasar. ¿Tendrás idea de lo que sentíamos en esos momentos?

Al subir al escenario mi mente se quedó en blanco. ¡Sorpresa! Se me olvido el mensaje. Mi primera reacción fue pasarle el micrófono a mi esposa. Gracias a que ella pudo rescatarme y salió a mi defensa como toda una campeona, me relajé unos minutos, calmé mis nervios, y poco a poco empezó a regresar la información a mi mente. En resumen, nuestra participación fue un éxito. ¡Misión cumplida!

Aprendí que él que no arriesga no gana, pues a pesar de nuestros temores, nos atrevimos y salimos vencedores. Siempre va a haber un día para comenzar y ser la persona que soñaste ser. Nunca digas, «No puedo». Sólo los cobardes se rinden ante las circunstancias. ¡Enfréntalas y serás exitoso!

*Manuel Pineda*

# Mentes oxidadas

En el año 2008 en Denver, Colorado, antes de comenzar mi propio negocio, me pasó un suceso que me dejó una gran enseñanza.

Empecé buscando todas las partes que llevaba una traila de carga, con un amigo que trabajaba poniendo las cercas de fierro en las áreas de apartamentos. Pude conseguir los ángulos para hacer el cuadro de la caja de la traila, pero estaban muy oxidados, pues se habían pasado toda la temporada de nieve tirados en el suelo. De todas formas me los llevé, pues me los habían regalado. Me tocaba limpiarlos con esmeril y un disco de alambre para quitar el moho que habían acumulado. Cuando llegué a casa me estaban esperando mi dos hermanos. Entonces uno de ellos me preguntó, «¿Para qué quieres esos fierros oxidados?»

Antes que pudiera contestarle, mi hermano mayor se me adelantó, con tono de voz cortante le preguntó, «¿Tú ves fierros viejos?»

El otro le respondió, «Sí, yo veo dinero», le contestó.

Entonces soltamos la carcajada, pues se nos hacía imprudente lo que mi hermano mayor miraba en aquellos ángulos, pero nosotros no mirábamos lo que su mente veía. Fue después que tuve la oportunidad de platicarles lo que traía en mente;

iba a fabricar una traila para llevarla para México. El hermano que veía sólo fierros oxidados se volvió a reír, y me dijo que estaba loco, que no creía que yo pudiera hacer ese proyecto. Curiosamente, también fue él quien me dijo que yo nunca podría construir mi propio negocio.

Ese mismo día empecé con la tarea que traía en mente de fabricar aquella traila. En menos de dos semanas había quedado lista para la carga; medía catorce pies de larga, por seis de ancha.

Un día la estaba sacando del garaje, porque tenía la intención de no sólo hacer una, sino seguir haciendo más, ya que una persona se paró para preguntarme si tenía la traila en venta. Lo único que se me ocurrió fue decirle, «Si le interesa, yo se la vendo». Cuando me estaba dando la mitad del dinero, aparecieron mis hermanos que venían de trabajar. Fueron a ver cómo iba el loco con su obra de arte. Entonces me pidió el dinero que me había dado la persona que había comprado la traila. Sin decirle nada, se lo di y sin perder ni un detalle fue acercándose hasta el hermano que miraba fierros oxidados, lo que escuché que le dijo, «¿Te acuerdas que tú mirabas fierros oxidados y que yo miraba dinero?».

Entonces con un poco de enojo le azotó el dinero en la mano, y con estas palabras le dijo, «¿Esto qué es? ¡Atarantado!». Entonces volteó para dónde estaba yo; me llamó, y me dijo, «Este tonto miraba fierros viejos; yo miraba dinero. ¿Tú que mirabas cuando te metías al garaje a mirar tu obra?».

Con lágrimas en los ojos, y con un nudo en la garganta, sólo le pude contestar que cada vez que admiraba mi obra podía ver a mis dos hermanos más chicos en México, uno de cada lado de aquella traila, sonriéndome, dándome las gracias por haberles llevado su traila.

Desde entonces yo relaciono esa historia con mi experiencia de emprender mi propio negocio, porque todas las personas tienden a ver el negocio de diferentes maneras. Unos ven el vehículo perfecto para realizar su sueños; algunos ven la posibilidad de viajar, otras personas ven dinero, y algunos nos enamoramos de las personas y les brindamos nuestro apoyo para cambiar de mentalidad. Quizás en un tiempo sólo vimos fierros oxidados como mi hermano.

Muchos nos encontrábamos en condiciones no muy favorables cuando emprendemos algo nuevo, pero en un tiempo nos habremos convertido en aves majestuosas, que fuimos esculpidas y dadas forma de troncos viejos.

Ahora, cuándo se te presente una oportunidad ¿qué es lo que ves? ¿Lo que es o lo que puede ser?

*Francisco Álvarez*

# A cualquiera le puede pasar esto

*«La calidad de futuro que tendrás será en la medida que tomes decisiones de calidad.»*

Esta frase que les comparto la comprobé hace poco tiempo atrás. En el estado de Texas, mi esposa Claudia y yo íbamos manejando para Houston, saliendo de Fort Worth, la ciudad donde radicamos actualmente. Íbamos en camino para apoyar en un Mega Plan con el equipo. Estábamos cerca de la convención de febrero del 2017, pues nuestra intención era ayudar a los socios, que pudieran registrar nuevos asociados y los lograran llevar a este gran evento que se llevaría a cabo en la misma ciudad de Houston.

Antes de salir estaba pensando y platicando con mi esposa, ¿Qué podríamos compartir al equipo que pueda transmitir los grandes resultados de esta oportunidad de negocio?

Más tarde, cuando íbamos por la autopista 45, en seguida estaba la calle donde teníamos que salir para llegar al destino. Iba bajando la velocidad del auto, estaba casi por llegar a un alto total en la salida de la autopista, cuando miré a mi lado izquierdo y pude observar a un señor ya mayor, pidiendo ayuda económica.

Lamentablemente es algo que podemos mirar con frecuencia, pero algo me llamó la atención. Al poner cuidado al letrero que sostenía con sus manos, observé que decía esto: «A cualquiera le puede pasar esto».

La verdad, ese letrero tuvo un impacto en mí. En segundos pude mirar que él era una persona que hablaba un inglés perfecto; yo no lo hablo de esa manera. Él era de piel blanca, la mía no está tan blanca (estoy un poco bronceado), sus ojos azules, y pude mirar sus cabellos rubios.

De pronto me di cuenta de la situación en la que mi esposa y yo nos encontramos en ese momento. Salíamos de una casa bonita que no tiene pagos, donde vivíamos como una familia estable; manejábamos un carro bonito, que está pagado, y por sobretodo, teníamos un matrimonio fuerte. Teniendo un sentimiento de avance y muchas bendiciones en nuestras vidas con los resultados de este negocio, lo impresionante es que nosotros no teníamos mucha educación, tampoco teníamos conocimiento previo en cómo levantar este modelo de negocio.

Esto pasó gracias a asociarnos y escuchar a la gente correcta, también teniendo la actitud de tomar las decisiones de calidad, aparte de bastantes deseos y coraje de avanzar en nuestra vida.

Tanto él como yo estamos en el lugar, no que queríamos, sino en el lugar que a través la vida nos hemos ido formando. No soy quien para juzgar la situación de ese hombre, pero si sé que hay decisiones que pueden afectar, para bien o para mal, el resto de tu vida.

Te invito a que tomes decisiones de calidad que te acerquen a tus metas o sueños, porque puedo pensar que nosotros también tengamos un letrero como el de él, hablándote del lado de resultados y bendiciones. Imagínate a mí, con un letrero diciéndote:

**«A cualquiera le puede pasar esto.»**

*Ricardo Zermeño*

# Parte 4

## *Semillas de Prosperidad*

# Cambio de mente

Mi mamá me llamaba constantemente para decirme, «Vente a vivir conmigo. Tú naciste en el país de las oportunidades. Puedes trabajar o estudiar aquí». Ese fue el motivo por el cual me vine a este país.

Llegué en el año 2001 con muchas ilusiones, emociones y la visión de conseguir algo más que una simple vida. Todavía no tenía muy en claro lo que quería hacer en la vida o qué quería sembrar para mi futuro, así que le pregunté a mi mamá y ella me aconsejó, «Date a conocer en el país». Ella se refería a trabajar en mi seguro social para poder recibir futuros beneficios.

Entonces empecé aplicar para créditos, lo cual fue fácil. Comenzaba a ir a las tiendas y a comprar, aún sin darme cuenta lo mal que estaba haciendo las cosas; sólo estaba cayendo en una trampa financiera.

Más adelante me hice parte de un grupo de nuevas amistades— éramos cinco en total. Nos encantaba viajar, gastar, darnos gustos sin ver las consecuencias, aparentar algo que no éramos, comprar lujos innecesarios, tener pensamientos como, «Trabajo mucho, me lo merezco»; en fin, me daba un estilo de vida que no podía mantener.

Encontré un nuevo trabajo en una tienda de ropa. Ahí aprendí sobre servicio al cliente. Trabajaba por comisión y no me alcanzaba el dinero, y además estaba endeudada por los intereses. Sentía que nunca iba a terminar de pagar tantas deudas. Me sentía frustrada y confundida, preguntándome a mí misma, ¿Cómo puedo manejar esto?

En el año 2006 decidí estudiar un curso de asistente médico e inicié un trabajo permanente en el hospital Káiser. El pago era más, pero tenía en mi mente la misma información, así que nuevamente comencé a gastar más de lo que ganaba. No iba a cambiar si no me daba cuenta que necesitaba ayuda. Seguí un estilo de vida sin propósito, saliendo cada noche de rumbas y fiestas, desvelándome cada fin de semana, conociendo gente diferente que no pensaba igual que yo.

Un día me di cuenta que estaba teniendo un estilo de vida que no me pertenecía —esa no era yo— y noté que lo que hacía no me estaba llevando a lograr mis sueños. Aprendí que no basta con ganar dinero, hay que saberlo administrar. Ciertamente este es el país de las oportunidades, pero no se trata de la oportunidad de gastar, de consumir, de pretender ser alguien que no eres. Realmente consiste en la oportunidad para crecer como persona, en nuestras finanzas, pero también en nuestra educación. Cada vez que vayas a gastar, piensa si realmente estás sembrando para tu futuro. Debemos aprender a hacer un buen uso de cada dólar que recibimos.

Recuerda:

**La pobreza no está en el bolsillo sino en la mente.**

*Palmira Arroyo*

# La persona en el espejo

*«Cuando no somos capaces ya de cambiar una situación, nos enfrentamos al reto de cambiar nosotros mismos.»*
Viktor Frankl

Fue en el verano del 2007, mes de agosto. Era trabajador independiente para una compañía satelital. Había ido a trabajar a una residencia tipo mansión en la ciudad de Bell Air. Era una casa hermosa, muy elegante, con piscina y muchas habitaciones. Una de esas habitaciones era ocupada por un niño que tenía todas las comodidades, muy bien amueblada, todo de lujo. El dueño de esta mansión era un árabe quien había emigrado de Arabia Saudita y tenía menos tiempo que yo en EE.UU.

Lo curioso de esto es que cuando regresé a la casa donde vivía con mi familia, pude despertarme de un letargo, porque mi hijo tenía la misma edad que el hijo del árabe, pero él vivía en una mansión y yo tenía a mi familia en un garaje rústico que no tenía calefacción. Imagínense, le ponía cartones en el techo para cubrir el frío.

¿Alguna vez te has comparado con alguien y te has sentido realmente pobre?

Al reflexionar sobre esto, sentí mucha impotencia. Me

dieron ganas de llorar; sentía enojo, y por el coraje ni comí; simplemente me fui a dormir. Al otro día me fui a trabajar como de costumbre, sin poder dejar de pensar y tratar de descifrar la enseñanza del día anterior.

Eran las 5:00 p.m. cuando la luz de un semáforo en rojo me detuvo. El tiempo que tardó para cambiar la luz fue suficiente para poder hacer un recuento de mi vida desde el momento que había llegado a los Estados Unidos. Era una nostalgia que me invadió. Miré al cielo clamando por una oportunidad. Días después llegó dicha oportunidad, y comprendí que la única manera de cambiar mi situación era cambiándome a mí mismo.

Reconozco que todos hemos vivido cosas diferentes, que algunos fueron privilegiados en nacer en un entorno de comodidades y otros no, pero más que compararme con el árabe, me comparaba conmigo mismo. ¿Cómo es posible que el tiempo haya pasado y siga estando en el mismo punto en el que llegué?

He aprendido que es necesario evaluar nuestra situación y buscar avances, pararnos frente al espejo y reconocer si en ese espejo vemos a una persona que ha logrado sus metas y objetivos o si vemos a la misma persona que veíamos años atrás. A millones de personas se les va la vida sin pensar si han logrado las metas que tenían. Te animo a realizar cambios que te lleven a lograr tus sueños.

*Gonzalo Ramos*

# Víctima o vencedor

Muchas veces podemos caer en la tentación de victimizarnos, inclusive llegar a culpar a alguien más. De alguna forma eso nos hace sentirnos menos responsables de la situación y desaprovechamos tiempo valioso que podríamos utilizar para resolver el problema en lugar de buscar culpables. Al menos eso es lo que a mí me pasó en un punto de mi vida.

Mi esposo y yo habíamos comprado un camión de transportes, en realidad ya era el tercero. En cada uno de ellos habíamos acumulado deudas. Ganábamos, según nosotros, bien, pero así también gastábamos todo. Parecía bien, César trabajaba a veces hasta por dos meses fuera y yo también tenía un trabajo. De pronto un día me salió con la noticia de que ya no podía manejar.

Ahí estábamos nosotros, endeudados y con la enorme responsabilidad de un negocio y ahora sin poder mover el troque.

Nos movimos de estado, ya que hace sólo dos años nos habíamos ido de California a Michigan. Nos volvimos a California a su antiguo trabajo. Llegando, busqué dos trabajos y César trabajaba largas horas para poder sobrellevar las deudas, la renta y el pago, no sólo del troque sino de tres pagos de carro con los que nos habíamos endeudado.

Yo siempre culpaba a César por la situación. Le reclamaba

como estábamos—me sentía muy frustrada, cansada y con coraje hacia él.

Un día estando yo aún acostada, había descansado del trabajo de la mañana y me dije, *Todo este tiempo tengo culpando a mi esposo de esta situación y ¿por qué no hago yo algo? ¿Y si saco yo la licencia comercial y manejo el troque?* Era una idea muy descabellada para mí y no se diga para César, ya que yo nunca fui muy buena para manejar, pero ya lo había decidido. En ese momento llamé a César y le dije mi loca idea, me convertiría en chófer comercial o «truck driver», así que busqué una escuela de manejo.

Al principio César no creía que lo haría, pero me miró tan decidida que él mismo me enseñó a manejar. Decidí dejar de verme como la víctima y ayudar a ser parte de la solución.

Aprendí que si verdaderamente estás cansada de la situación donde te encuentras, debes tomar acción hacia la solución y que si una puerta se cierra hay muchas más abiertas— sólo te tienes que atrever a tocar. Si realmente estás cansada de estar como estás, te vas a atrever a hacer cosas que jamás pensarías qué harías.

*Mariela Castillo*

# Rompe la rutina

Un día lluvioso en el que regresaba del trabajo, después de haber tenido un día muy difícil, de lidiar con los clientes, y que a veces las cosas no salieran como uno las planea, me preguntaba, *¿Será que hay algo más que yo pueda hacer que no sea trabajar tan duro?*

Pasaron varios días y una tarde recibí la respuesta. Estábamos en la casa después de haber terminado de comer cuando tocaron la puerta. Yo me levanté, abrí la puerta y vi con sorpresa dos parejas bien vestidas, de traje y corbata. Así de repente no los reconocí, sino hasta que me les quedo mirando, me di cuenta que era mi compadre José y mi comadre junto con Aurelio y María Elena. Ellos eran nuestros vecinos y hacía mucho tiempo que no nos veíamos. Los hice pasar y después en forma de burla les dije, «Órale, ¿qué hacen ustedes vestidos así?»

Mi compadre un poco tímido no supo qué contestar. El que tomó la palabra fue Aurelio, «Te traemos una información.»

«¿Información?» respondí.

«Sí», dijo él.

«¿No me digan que se trata de venta directa?» Ellos dijeron sorprendidos, «¡Sí!»

«Y ustedes, ¿lo van a hacer?» les pregunté y me dijeron,

«Claro que sí y por eso los venimos a invitar».

Yo me quedé pensando por un momento y se me vino el recuerdo a mi mente del otro día que había estado pidiendo algo diferente, así que ni siquiera lo dudé; les pedí que sacaran la aplicación para firmar y hasta hoy día nunca me dieron el plan (todavía les digo que me deben el plan).

Comenzamos a desarrollarlo, o más bien dicho, comencé yo solo, porque mi esposa se había negado a realizarlo. Pasaron varios meses hasta que por fin decidió acompañarme a una convención. Yo me sentí feliz de que ella aceptara por fin el negocio.

Hoy en día, doy gracias a Dios, porque ella lo entendió, porque para mí el que nos presentarán la información de negocio fue como una salida para un día poder no depender de un empleo, ya que me encontraba metido en la rutina día tras día.

¿Estás cansado de tu rutina y de la escasez económica? Yo lo estaba, pero esta decisión cambió el rumbo de mi vida. Por eso te invito a que puedas participar y luchar con esta oportunidad para algún día alcanzar tu libertad financiera. Sí es posible: ¡Rompe la rutina!

*Alberto García*

# Regalos vacíos

Eran los días fríos del mes de diciembre, venía una Navidad más. Nosotros nos encontrábamos ya desarrollando este negocio con muchas ganas y llenos de entusiasmo por lo que sabíamos que estaba por venir.

En nuestro corazón podía sentirse la determinación y el enfoque, ya que estábamos comprometidos totalmente con nuestro sueño. Invertíamos en todo lo necesario para obtener resultados. Estábamos todos involucrados en lo que se hacía y el entusiasmo de nuestros pequeños hijos Jason y Kaylie nos inyectaba energía para no parar.

Ellos al igual que nosotros sabían que en ciertas ocasiones tendríamos que sacrificar más de lo esperado mientras se avanzaba por la meta. Jason y Kaylie venían a nuestra cama algunas noches después de que volvíamos de hacer nuestro trabajo en el negocio y platicaban de todo lo que comprarían y de los lugares que visitarían.

En cierta ocasión llegó el día de poner el árbol de Navidad, y sí, estaba en la esquina de la sala, solo—no teníamos nada que poner ahí por el momento. Así que los niños se las ingeniaron con gran creatividad. Les veíamos contentos planificando lo que estaban a punto de hacer.

Se acercaron a nosotros y dijeron, «Sabemos que este año no

tendremos regalos, pero no queremos ver el árbol vacío, así que juntos nos pondremos a envolver estas cajas para ponerlas ahí abajo». Todas aquellas cajas estaban sin nada dentro.

Jason dijo, «Un día tendremos para comprar todos esos regalos, ¿verdad mami?». Mi esposo y yo estábamos frente a aquellas dos tiernas criaturas con nuestro corazón hecho pedazos por no tener algo que darles en ese momento más que una sonrisa en nuestro rostro que a ellos les daba la seguridad y la confianza que de algo grande vendría.

En ese momento mis hijos nos enseñaron lo que es el poder de la fe y la visualización. Dentro de aquellos regalos no había nada material en ese instante, pero estaban llenos de la fe, creencia y visión que un hijo puede tener para sus padres.

Mejores tiempos vinieron. Les demostramos a nuestros hijos que sí era verdad lo que decíamos. Comenzamos a lograr niveles en el negocio, los bonos llegaron, empezábamos a viajar en familia y aquel árbol de Navidad ya no estaba vacío, pues podíamos comprar los regalos que ellos tanto anhelaban.

Yo te animo a hacer sacrificios, a aprender a administrar mejor el dinero, aprende a gastar en sólo lo realmente necesario, pues con paciencia un día podrás ver el fruto de esa buena administración.

Recuerda, dentro de casa tienes a alguien que sigue creyendo en ti a ciegas. Vive agradecido por lo que tienes mientras logras lo que quieres. Desarrolla este negocio con la inocencia de un niño, ten fe en Dios, en ti mismo y en lo que tu equipo de apoyo te dice. Creo firmemente que obtendrás lo que buscas porque comprobado está que puede más el que quiere que el que puede.

*Mirna Mendoza*

# La rana saltó

Fue después de una convención que tomamos la decisión de hablar con uno de nuestros líderes y socios. Le dije, «Campeón José, me puede dar unos minutos de su tiempo para hablar con usted».

«Sí, claro», respondió él.

«Dígame en qué le puedo servir.»

«Lo que pasa es que quiero que me diga qué tengo que hacer para avanzar en mi negocio.»

Él me contestó, «Pues lo primero que le sugiero es que se cambie al turno de la mañana en su trabajo».

En ese tiempo trabajaba de noche, y realmente no me gustó lo que me dijo porque tenía miedo de que no me dieran el turno de la mañana. Aparte, si me despidieran en ese momento estaba pasando por momentos financieros muy difíciles, pero me armé de valor y fui a hablar con el supervisor de mi turno. El me dijo, «No creo que eso sea posible. Si te dan el turno de la mañana te dedujeran tu sueldo».

«¡No importa!» contesté yo.

Ya estaba decidido. Al ver el supervisor mi actitud entonces me dijo, «Hijo, deja ese negocio; es muy difícil que llegues a ganar cantidades grandes en eso. Aquí estás bien! Ganas bien! Es más, te vamos a dar $5,00 dólares más si te quedas en el turno de la noche». Fue algo tentador, pero me acordé de que había escuchado un audio que contaba cómo matan a las ranas. Las ponen en una olla con agua y le van subiendo la temperatura hasta que sin darse cuenta quedan sin vida. Me dije, *«Me están subiendo la temperatura»*.

«Les agradezco mucho», repliqué, «pero necesito cambiarme de día.»

Estuve insistiendo. Por un mes escribí tres solicitudes por escrito a recursos humanos, y por fin me dieron el turno de la mañana. Cuando tú quieres hacer algo simplemente buscas el cómo y cuándo. Muchas veces, aunque puedes no lo haces, ya sea por comodidad, por temor u otras cosas, pero te animo a que hagas los ajustes que tienes que hacer para tener resultados en tu negocio.

*José Ávila*

# Rascándole a la cazuela

Yo era el más mimado de mi hogar. Siempre miraba el buen comportamiento de mis hermanos mayores y cómo ellos me iban enseñando con su ejemplo, y yo simplemente les iba siguiendo los pasos.

Mi hermana Guadalupe siempre me ayudaba a hacer mis tareas escolares—lógico ella enseñándome y yo haciéndola. Cuando nacieron mis otros hermanos siempre me mantenía alerta al cuidado de ellos, pues no quería que nada malo les fuera a pasar, porque eso había aprendido de mis dos primeros hermanos.

Mis padres siempre fueron unas personas muy responsables en toda la extensión de la palabra— siempre nos dieron lo que era necesario. Entendíamos muy bien cuando podían darnos algo y cuando no. Sin embargo, en la familia no todo era fácil. Para mis padres, ya con siete hijos, les era muy difícil darnos de comer a todos pues los siete comíamos que daba miedo— yo era el más comelón. Recuerdo que a pesar de que éramos muchos, ninguno se iba a la cama con el estómago vacío.

Una noche de esas en las que uno no puede dormir por haber cenado demasiado, me volteaba de un lado hacia otro. Cuando por fin estaba a punto de dormir escuché un ruido muy raro.

Pensando que era uno de los perros que andaba merodeando en la cocina, me levanté a espantarlo. Tomé una vara para pegarle y cual va siendo mi sorpresa, ese ruido lo estaba haciendo mi mamá. Estaba rascándole a la cazuela con una cuchara de metal, quitándole la comida que tenía pegada y esa comida era lo que los dos iban a cenar.

Silenciosamente me fui acercando y miré a mi papá sentado en la silla del comedor con su plato. Él ya tenía comida y el resto ella se lo estaba sirviendo en su plato.

Salí de donde estaba y le pregunté a mamá, «¿Qué está haciendo? ¿Por qué le está rascando a la cazuela?».

Ella me dijo con voz nerviosa, «Es para darle de comer a los perros, porque pobrecitos, no han comido en todo el día».

Yo le respondí, «No es cierto mamá, yo los estuve mirando por un buen rato y miré que usted le sirvió a mi papá lo que le rascó a la cazuela».

Mi padre muy sabio me dijo, «Ay mijo, es que lo último que sobra de la comida siempre es lo más rico».

Yo me fui a la cama llorando, muy triste de haber mirado esa escena. No sé cuántas veces se habían ido a la cama con el estómago vacío. Eso marcó mucho mi vida y se grabó en mi mente para siempre. Solo de pensar cómo los padres dan todo por sus hijos, hasta el punto de quitarse la comida de la boca, eso jamás lo olvidaré.

En ese entonces yo tenía siete años de edad, y a mi corta edad, me di cuenta de que en mi casa había muchas carencias. Realmente, había mucha necesidad. Ahora entendía por qué me tenía que poner la ropa que mi hermano mayor iba dejando, y la ropa que nos regalaban.

Jamás le comenté nada a mis hermanos de lo que había mirado esa noche. No sé si ellos ya se habían dado cuenta, pero puedo decir que es muy raro que un niño esté consciente de las carencias que hay en su casa. Lo único que un niño quiere hacer a esa edad es andar jugando.

En esa etapa de mi niñez me puse a pensar que nosotros éramos pobres y que yo tenía que ayudar a mis padres a salir adelante. Mi gran motor en esta oportunidad siempre ha sido mi familia.

Esfuérzate por romper con el patrón de escasez en el que creciste y aprende a valorar lo que hicieron tus padres.

*Fernando Olivares*

# Sacrificio de hoy, bendición del mañana

¿Cuántos de ustedes tienen hijos? ¿Alguna vez has tenido la sensación que cuando les estás dando un consejo o una enseñanza, no te entienden y te cuestionan?, o, tú, como hijo, ¿pasaste por este tipo de momentos con tus padres?

Te quiero compartir una lección que me dio mi padre cuando era niño, que en el momento que la apliqué en este negocio nos ayudó a transformar nuestra vida, con los resultados de este gran proyecto.

Tenía aproximadamente nueve años de edad cuando una tarde en la colonia donde crecí, en el estado de Aguascalientes, México, estábamos comiendo en nuestra casa. Cuando le dije a mi papá que me gustaría tener una bicicleta, mi padre volteó y me miró diciendo con su voz firme como siempre, «Ricardo, en este momento no podemos, pero ya veremos más adelante».

Él era mecánico y reparaba vehículos en la casa para sostener nuestro hogar. Recuerdo que en las tardes cuando terminaban las clases de la escuela, salía de regreso a casa, y justo al dar vuelta en la esquina para mirar mi casa, observaba si mi padre tenía un carro en la cochera. Si estaba, eso significaba que después de hacer tarea tendría que estar con mi papá ayudándole a reparar el vehículo.

En varias ocasiones puedo recordar que me detenía por unos momentos antes de girar en la esquina, deseando que no estuvieran ningún vehículo enfrente de casa; al estarlo significaba que esa tarde no podría jugar con mis amigos.

Hay un día en especial que recuerdo esta imagen. Era tarde ya oscureciendo, las luces de los postes encendidas, y la mayoría de mis amigos jugando a la pelota. Varios de ellos con su trompo jugando bajo la luz de un poste. Yo también tenía mi trompo, la diferencia es que yo lo enredaba y bailaba a un lado de la llanta del carro que estábamos reparando. Miraba a mi trompo y lo llamaba «mi trompo solitario». A distancia podía mirar a mis amigos que se divertían, de la misma manera los escuchaba carcajearse con todas sus fuerzas. La verdad, me preguntaba, ¿Por qué tengo que estar aquí trabajando? Me sentía con resentimiento y cuestionaba a mi papá por no dejarme divertirme.

Ese fin de semana, él mismo me despertó con las palabras, «Ricardo, arréglate para que me acompañes, vamos a salir».

Después de algunos minutos manejando, no te puedo describir con exactitud la emoción enorme que empezó a invadirme. Mi corazón empezó a palpitar cada vez más rápido conforme nos acercamos al lugar donde vendían bicicletas. De repente, pude observar esa hermosa bicicleta de color azul que tanto deseaba. De regreso a casa miraba una sonrisa en mi rostro porque por el espejo retrovisor se miraba un bonito color azul.

Ese día en la tarde no trabajamos, sólo se observaba unos rines cromados pasear por toda la calle. Yo me sentía como un rey cuando mi padre me dijo, «Mijo, usted se la ganó, trabajando fuerte por ella». La verdad que ya no recordaba cuando me sentía desalentado, o decaído; sólo podía sentir el placer de la recompensa.

En varias ocasiones en nuestras vidas tenemos que escoger en el sacrificar hoy para una mayor recompensa mañana.

En esta oportunidad se repitió la historia al construir este negocio. Nuevamente, miraba a mis amigos en las fiestas, o en los juegos del fútbol, mientras mi esposa y yo trabajábamos, en un seminario de negocio, o hablando con otras personas del plan de negocio. Al final se repitió el resultado, nosotros con la libertad en las manos y ellos sólo mirando.

Te recomiendo a ti que tienes este negocio en tus manos, que te esfuerces hoy, que te comprometas hoy, que trabajes hoy, que tu recompensa y la prosperidad de tu familia la podrás disfrutar mañana.

*Ricardo Zermeño*

# La celebración oportuna

Cuando cumplí mis quince años, como toda muchacha, quería que me hicieran una linda fiesta. Pero mi mamá me dijo, «María, lo siento, pero no puedo hacerte una fiesta. Recuerda que tienes más hermanas y si te celebramos tus quince años a ti, tendríamos que celebrarlos a ellas también».

Por esa razón no me pudo cumplir mi deseo, pero, aunque no me hizo una fiesta grande como la que yo quería, mi mamá me hizo una comida deliciosa. Invité a mis amigas y nos pasamos un día muy emocionante, lleno de alegrías y ni siquiera pensé en lo que no se pudo hacer, sino en la bendición de poder compartir con mis seres queridos.

Al principio uno no entiende por qué a sus amigas sí les hacían fiesta y a uno no. Te puede dar mucho coraje y reniegas. Pero mi mamá tenía mucha razón. No iba a poder hacernos fiesta a todas porque tenía tres hermanas más y no sería justo celebrárselo a una sola nada más.

Ese día comprendí que mi mamá siempre se esforzaba para que la pasáramos muy bien en cada cumpleaños y que nos daba la celebración oportuna, según lo que ella podía gastar.

En la vida hay que ajustarse a lo que tenemos. Muchas veces hacemos fiestas o compramos cosas que no se ajustan a nuestro presupuesto y al ingreso que obtenemos.

Cada vez que te aproximes a hacer algo pregúntate, «¿Es realmente necesario?».

No vivamos de las apariencias. Aprendamos a disfrutar lo que tenemos y a esforzarnos por adquirir más. Recuerda que un buen administrador usa su dinero con inteligencia y no por apariencia.

*María Aguado*

# Sobreviviendo

Era joven, muy fuerte y sano. Me encontraba trabajando en una vivero de plantas de árboles, aprendiendo a hacer de todo lo que se relacionaba con plantas—crecer, e injertar árboles. Recuerdo que aprendí muy bien el oficio al punto de convertirme en un injertador profesional.

Todo iba bien hasta después de varios años injertando, hincado por varias horas del día, comencé a notar que me empezaban a doler mis rodillas. Pensé que era normal.

El trabajo de injertar era desde la entrada a las 7:00 a.m. a 12:00 p.m. para levantarnos por unos quince minutos a comer rápido y regresar de rodillas y seguir caminado hincado por todo el surco, hasta hacerse ocho a nueve horas de trabajo e irte a tu casa y el siguiente día hacer lo mismo.

Se gana bien injertando árboles pero el trabajo es tan pesado que las consecuencias vienen después. Mi dolor de rodillas siguió aumentando. En mi trabajo me empezaron a tratar mal porque yo no quería injertar pues me dolían mis rodillas. Después decidieron mandarme al doctor y a una terapia.

Después de unos meses el doctor me dio de alta pero mi dolor no se me quitaba. Seguí trabajando con el dolor por mi necesidad del dinero, haciendo lo mismo con la molestia.

Un día decidí levantarme del surco, ir a la oficina y decirles que ya no aguantaba el dolor, que me pusieran hacer otra cosa porque de rodillas no podía más. El manager me mandó para mí casa diciéndome, «Descansa el resto del día y regresa mañana».

Para mí sorpresa, al día siguiente me llamaron muy temprano para decirme que habían revisado los análisis del doctor y decía que estaba bien y podía trabajar regularmente, y que eso significaba que yo no quería trabajar. Después de más de diez años siendo uno de los más profesionales para trabajar con ellos, me aplican el ácido. «Ha sido un placer trabajar con usted, se terminó su trabajo.» Me corrieron.

Todo triste, me fui para mi casa pensando que después de varias semanas descansando el dolor de rodillas se me quitaría solo, pero no fue así. Decidí ir a ver a un especialista en rodillas. El doctor me sacó radiografías inmediatamente y me preguntó porqué no había venido antes. «El problema está avanzado y necesitas ser operado de las dos rodillas. Si no te operamos, un día de estos te vas a caer y no vas a poder caminar».

Sentí mucho miedo y le contesté, «Quiero pensarlo». En ese momento yo estaba asustado. Imagínense que termine en silla de ruedas como el doctor me explicó.

Después de pensarlo un tiempo decidí someterme a las operaciones, una primero y después la otra, y así sucedió. Todo salió muy bien.

Más que compartir con usted lector mi dolor de rodillas o el proceso de mi operación, me gustaría hacerlo reflexionar en que muchas veces en el trabajo eres únicamente un número; lo puedes perder en cualquier momento.

Yo aprendí que cuando eres joven y fuerte, puedes realizar cualquier trabajo y donde quieras puedes trabajar, pero cuando pasan los años y no tienes cierta condición física, ya no es lo mismo.

Tú que tienes un trabajo, concientiza que el trabajo no es tuyo—alguien te puede reemplazar. La oportunidad de negocio siempre será tuya. Solamente tú decides hasta donde llegar, qué tan fuerte luchar y alcanzarás los mejores resultados.

Atrévete a desarrollar tu negocio al máximo.

*David Ortiz*

# Parte 5

## Semillas de Humildad y Bondad

# Descubriendo un espíritu de ayuda

Cuando tenía la edad de once años aprendí a romper mis miedos. Uno de ellos era tener confianza en mí misma. Era para mí un reto el creer que yo podía hacer grandes cosas, y cuando logré vencer esa barrera de inseguridad, finalmente empecé a hacer lo que más me gustaba: ayudar a los demás.

A mi corta edad empecé a darles clases y con mucho esfuerzo formé un grupo de adultos que no sabían leer ni escribir. Recuerdo que las clases eran en la tarde en el patio de la casa de la Sra. Francisca.

A pesar de ser una niña, ellos me depositaron su confianza, creyendo que yo podía darles un poco de luz a su conocimiento. Miraba como ellos, a pesar de sus largas jornadas de trabajo, asistían a las clases con la esperanza de aprender a leer y escribir, con ganas de saber qué decían los libros y poder escribir su nombre, su firma y salir de ese lugar donde ellos se sentían inconformes.

Descubrí que detrás de mis miedos, hay grandes cosas para mucha gente y sobre todo, que si yo tenía el tiempo, el valor y el conocimiento, podía darle una esperanza al que no la tiene.

Ellos se mostraban entusiasmados cuando llegaba la hora de agarrar su lápiz, libreta y su libro, y yo me sentía contenta con ellos también.

Le doy gracias a Dios por darme el espíritu de servir, ayudar, enseñar, transmitir confianza y fe, porque ayudar al indefenso siempre te hará sentir más satisfecho, ya que la felicidad que nace de tu corazón te hace sacar lo mejor de ti.

Te invito a que descubras tu espíritu de ayuda. Verás que la mayor felicidad es ver a otro feliz gracias a lo que haces. En esta oportunidad podrás ayudar a muchas personas. Abre tus manos y haz el bien.

*Yolanda Carretero*

# Acepté las trece franjas

Se estima que hay millones de residentes legales que califican para la ciudadanía y no la han solicitado.

Decidí aplicar para la ciudadanía estadounidense en el 2003. Al principio estaba un poco dudosa y con miedo porque no sabía hablar muy bien el inglés pero me puse a buscar información para saber los requisitos y me dijeron que me tenía que aprender un cuestionario de preguntas en inglés.

Algunas personas cercanas a mi empezaron a criticarme. Decían que no creían que lo fuera a lograr porque me conocían tímida e insegura, pero yo tenía un porqué muy grande, el cual me hizo esforzarme y aprender lo que fuera necesario para lograr pasar ese examen. Me desvelé muchas noches estudiando y cuando tuve la cita, pasé el examen fácilmente.

Unas semanas más tarde llegó la cita para ir a hacer el juramento. Puedo recordar ese 3 de noviembre del 2000. Aunque era un día nublado con mucho frío, yo lo veía hermoso.

Recuerdo estar en un edificio en el centro de Chicago. Había mucha gente en el cuarto ceremonial de diferentes nacionalidades. El cuarto era grande y con muchos asientos; enfrente estaba el escritorio del juez y a los lados una bandera hermosa con cincuenta estrellas blancas y trece franjas rojas. En los rostros de los asistentes había emoción y nerviosismo.

Cuando el juez dijo mi nombre me sentí muy emocionada y orgullosa de mí por haberlo logrado.

Este momento de mi vida me hace reflexionar: En la vida, cuando uno tiene una meta y está dispuesto a poner el trabajo, es sólo cuestión de tiempo para que tengas resultados. Pero un ingrediente clave para el éxito es el grupo de personas con el que te rodeas. Si yo le hubiese hecho caso a esas personas, nunca hubiese obtenido mi ciudadanía.

Te animo a que no le hagas caso a la gente negativa que te dice que no podrás hacer este negocio; más bien capacítate, pregúntale a los que ya tienen resultados y pon el trabajo que se requiere, porque tu familia se sentirá orgullosa de ti el día que lo logres. Rodéate de gente que suma a tu vida, que le añaden valor, que creen en ti.

*Elva Bueno*

# La pelirroja perdida

John Maxwell dice, «La vida es 10% lo que nos ocurre y 90% cómo reaccionamos a ella». La actitud es todo.

Cuando tuve once años, el trabajo de mi papá nos mandó a Japón, un país pequeño en tamaño pero abundante en corazón, con una población muy grande. Fuimos a vivir en la base de soldados. La comunidad estaba como a treinta minutos de la escuela. Los primeros días mi mamá nos llevó a mi hermanito de siete años y a mí en el autobús pero llegó el día que me dijo, «Mañana van a ir solos». Sentí nervios, ansiedad e inseguridad. ¿Cómo voy a saber a dónde ir? ¿Cómo llego? ¿Qué tal si me pierdo? Ella me dijo, «Tienes tu diccionario y mapa de ruta, tú puedes». Ni dormí en esta noche pensando en los temores.

El siguiente día fuimos a la parada de autobús a esperar y hubo bastante gente, y más llegando. Yo era la única pelirroja en un mar de japoneses. Todos me estaban mirando y algunos se atrevieron a tocar mi pelo; se les hizo curioso por el color. Me sentí súper rara y con una tormenta de emoción adentro.

Llegamos a la parada indicada pero la gente se movía tan rápido que no alcanzamos la salida. El chófer nos habló en japonés; yo le entendí que ya no nos podíamos bajar.

Bajamos del autobús en la siguiente parada pero ya

andábamos perdidos. Mi hermanito me preguntó con ojos grandes del susto, «¿Qué hacemos?»

«Pues, vamos a la escuela», y apreté su mano (más por mí que por él, yo creo). Me acordé lo que mi mamá me había dicho del diccionario y el mapa. Empecé a pedir ayuda a la gente equivocada, gente que no hablaba mi lenguaje y que sólo apuntaron en mi mapa. Quedé mirando alrededor, y parecía que todos sabían su camino menos yo.

Tomamos un asiento y saqué el diccionario y el mapa. Traté de escribir en japonés por primera vez. Encontré una patrulla de tráfico y le enseñé mi mapa y me dijo en inglés como llegar. Al fin, llegamos a la escuela y sentí un gozo enorme. Yo conquisté una montaña.

Va a haber momentos en el camino que quizás te sentirás sin dirección, raro, o criticado, con dudas de que tú puedes lograr tus metas y sueños. Cuando estos momentos vienen, mantente de la mano de la persona que te invitó o que te está ayudando con una actitud de perseverar.

Siempre recuerda que estás respaldado del mejor par de GPS para que no pierdas tu camino en este gran proyecto: Dios y el sistema de entrenamiento y capacitación que tengas.

El ser humano nunca sabe lo que es capaz de hacer hasta que lo intenta.

*Marie Serna*

# De pies para arriba

*«Nunca subestimes a nadie.»*

Para mí, en ese momento, la mejor película que había visto, era la famosa *Karate Kid* y gracias a esa película me hice popular en mi colonia. Era sólo un niño pero me encargué de decirle a todos sobre mis supuestas habilidades, pues a varios de mis amigos les presumía que sabía karate, cuando en realidad no era cierto.

Como los rumores llegan rápido, a la semana todos los amigos de mi edad me tenían temor y varios decían, «Tengan cuidado con el "güero" (así me llamaban), porque sabe karate». *Jajajajaja,* me reía en mis adentros. *Si supieran que no se ni papa de eso,* pensaba en voz baja.

Cierto día, alguien dudó de mis destrezas y me enfrentaron con un niño. Por suerte era más pequeño que yo, a lo que dije, *¡Claro, qué me dura este!* y con mucha seguridad me acerqué y que empieza «el gran combate»… zas, zas, zas… sólo movía mis extremidades.

Sorpresivamente, ni me di cuenta en que momento caí pies para arriba. Imagínense, el gran karateca había sido derrotado por un adversario mucho más pequeño que él. Sentí una gran vergüenza.

A partir de esa famosa revolcada que me dio Toñito, he

aprendido a no subestimar a nadie y respetar a todo mundo, porque hay veces que dentro de ésta oportunidad metemos a un nuevo socio y cómo pasa el tiempo y vemos que no hace nada perdemos la fe en las personas, y nos olvidamos de cuando nosotros empezamos.

Tenemos que comenzar a creer en todas las personas, pues es una parte fundamental de un buen liderazgo, y cuando lleguemos a un nivel, no pensar que lo sabemos todo cuando en realidad no sabemos nada.

*Angel Sosa*

# Corazón mojado

¿Qué harías tu si una piedra se cruza en tu camino? a) No seguir avanzando b) Moverla c) Apoyarte de ella

En el campo, en una tarde hermosa en casa de mi abuela Clementina, estaba toda mi familia reunida mirándome practicar el vals de quinceañera con alegría, disfrutando, cuando ya para oscurecer mi tía Silvia entró gritando,

«¿Karina llegó? Díganme que Karina está aquí».

Un silencio se sintió como un aire frío porque la respuesta de todos fue, «No, aquí no está».

En ese momento me pregunté, ¿Mi tía buscando a Karina, su hija de diez años, siendo una niña especial, no está con ella? La angustia entró en todos y rápido empezamos a buscarla por todo el rancho. Las horas pasaban con el corazón mojado de preocupación y tristeza; no encontrábamos nada. A cada lugar que llegábamos se unían a la búsqueda. Ya por las diez de la noche todos nuevamente nos reunimos. Mi papá dijo estas palabras, «Tendremos que salir a montes, ríos, a otros ranchos vecinos; haremos equipos para avanzar».

Así, puesto el plan en equipos, con linternas y mucha preocupación, cada quien tomó su camino. Puedo recordar ir atrás de un equipo llegando a un rancho vecino. Antes de cruzar la presa de agua, Gerardo, mi primo que ya iba pasando media presa, con su linterna logró ver algo dentro de la presa, gritó, «¡Veo algo! ¡Veo algo!». Nuestro equipo corrió y antes de llegar, miré como Gerardo se lanzó al agua y conforme los muchachos del equipo llegaban, se lanzaban para ayudar.

«¿Qué pasó? ¿Qué miraron? ¿Gerardo trae algo en sus brazos? ¿Qué pasa?» preguntaban todos.

«Síííííí», estaba Karina con su pelo mojado temblando de frío, su carita con mucho miedo. En ese momento cada una de las personas que lo estábamos viviendo no podíamos parar de llorar y de agradecer a Dios de haberla encontrado.

Unos minutos después llegaron unas camionetas, una con cobijas para las personas que habían entrado a la presa y en la otra camioneta venía mi tía y sus otros hijos al encuentro de su hija Karina. Por otro lado Gerardo nos contaba como Karina se logró quedar en una gran piedra en medio de la onda presa. No se imaginaba que iba a estar tan peligroso, al punto de necesitar ayuda porque no podía solo, debido al agua tan fría que limitaba los movimientos de Karina y los de él. Pero sonriendo dijo, «¡Me sentía seguro porque sabía que mi equipo venía atrás de mí, nadando para ayudarme!».

Una gran lección. Ese día aprendí a trabajar en equipo y no creer que uno solo puede. Siempre habrá fortalezas en nuestro equipo. Trabajando en equipo lograremos grandes resultados. Hay que tener en cuenta que uno es un número muy pequeño para hacer grandes cosas.

Dios le puso a Karina una piedra y ella decidió sentarse y sujetarse a ella esperando por su equipo de rescate. No sé qué piedra Dios te ha puesto a ti —no le saques la vuelta— aférrate a ella porque tu equipo de apoyo va al rescate.

*Claudia Zermeño*

# Mangas amarillas

En el año 1996, cuando llegué a Los Ángeles, mis padres me dijeron que tenía que asistir a la escuela. Mi papá me inscribió en la preparatoria (High School) y comencé a ir, pero tenía mucho miedo por no saber inglés. Pronto aprendí un poco y me sentí más segura.

En mi último año, ya para graduarme, uno de los maestros, Mr. Beck, nos pidió a toda la clase hacer un proyecto individual de cualquier tema. Nos dio dos semanas para hacerlo y nos exigió que lleguemos presentables ese día para exponerlo enfrente de la clase.

Como no tenía mucho dinero, se me ocurrió ir a una tienda de segunda a comprarme ropa. Me compré un traje color morado de falda con saco y una blusa blanca de mangas largas. De los nervios que traía por el proyecto, no me di cuenta que la blusa tenía las mangas muy percudidas, casi amarillas.

Pasaron las dos semanas y llegó el gran día de presentarme frente a la clase, pero la presentación era después del almuerzo. Así que me fui a comer y una compañera de clase, comenzó a reirse y me dijo, «Las mangas de tu blusa están amarillas». En ese momento sentí mucha vergüenza, pues lo dijo enfrente de varios estudiantes. De la pena que me dio, se me olvido todo lo que había estudiado.

De pronto sonó la campana para entrar otra vez a clases. Me fui corriendo al baño a llorar como por 10 minutos, pero después me dije, *Esto no me va a detener.* Me puse a pensar en cómo solucionar mi problema de las mangas, porque yo tenía que pasar a exponer mi tema o de lo contrario no me graduaría.

Comencé a doblar las mangas de manera que no se vieran y salí del baño decidida a dar lo mejor de mí. Entré a la clase, expuse mi tema y nadie se dio cuenta que las mangas de mi blusa estaban amarillas. Mi maestro, Mr. Beck, me felicitó y logré graduarme.

De esta experiencia aprendí que no debes permitir que nadie te quite el brillo de tu ser; que estás destinado a brillar siempre. Lucha por mantener esa llama encendida y haz todos tus sueños realidad, a pesar de las críticas de los demás. Muchas personas negativas se estancan en los problemas y no van más allá.

En la vida tienes dos opciones: Quedarte llorando viendo tus mangas amarillas o buscar una solución—te doblas las mangas y sales a pelear en tu campo de batalla. No dejes que nadie te detenga.

*Yesenia Fernández*

# Tanto brincó, que arrancó

Ubaldo y yo estábamos recién casados. Cierto día le pedí que me enseñe a manejar «estandard» pero como Ubaldo es muy trabajador, salir temprano del trabajo le era muy difícil.

Una tarde de verano, después de que saliera de trabajo decidió enseñarme a manejar, así que me llevó a una distancia de 20 a 30 minutos a las afueras de Melba, Idaho. Teníamos un carro azul, Ford Tempo, de cuatro puertas.

Me dijo, «Ahora cambiamos de asiento, tú te sientas en el asiento de chófer y empiezas». Creo que Ubaldo quería saber si sabía o no. Me dijo, «Prende el carro», pero el carro no prendió con sólo mover la llave, y me pidió que pise el embrague al mismo tiempo que prendía el carro y cuando suelte el embrague, que pise el pedal de gas.

Hice tal como me dijo pero el carro empezó a brincar y brincar, hasta que se apagó. Ubaldo me pidió que lo intente otra vez, y ¿qué crees? Lo mismo, brinca que brinca y se apagó.

«¡NO ARRANCA!» grité y me bajé del carro. Ubaldo se bajó también, se acercó a mí y me dijo, «Todo está bien, lo intentaremos otro día».

Días después volvimos y ¿qué crees que sucedió? Lo mismo, brinca que brinca y no arranca. Ubaldo seguía igual de paciente porque yo me molestaba y me enojaba conmigo misma, pues no podía aprender. Mi esposo, muy calmado, me abrazó y dijo, «Lo vas a poder lograr, sólo necesitas más práctica». Eso me ayudaba a no rendirme.

Como a la cuarta vez de practicar, logré hacer arrancar el carro. Después de varias vueltas, Ubaldo dijo, «¡Lo lograste! Dale hasta la casa». Así fue, pero me daba miedo que tuviera que parar donde el carro quedara en una subida porque entonces ya no cuidaba lo de enfrente, sino más bien que no se me fuera a ir de reversa. Con el tiempo Ubaldo tuvo que cambiar el embrague del carro varias veces—jajajaja—pero lo importante es que aprendí.

Hoy puedo ver que gracias a que alguien estuvo dispuesto a ayudarme y creer que yo podía, puedo manejar tanto carros automáticos como «standard». Aprendí que es necesario querer y estar dispuesto a recibir instrucciones y palabras de ánimo para poder lograr algo. Te animo a que ayudemos a todo aquel que quiera y esté dispuesto.

Al emprender la oportunidad vas a conocer a muchas personas, y te recomiendo que los apoyes y que respetes su ritmo, pues poco a poco se aprende. Puede que seas como yo, que quería los resultados rápido, pero recuerda «del apuro sólo queda el cansancio».

Así como mi esposo fue paciente, podemos lograr mucho si nos proponemos a ser pacientes y a dar fuerzas a nuestro equipo.

*María S. Martínez*

# Disipando el miedo

En el mes de agosto del 2010 cerramos nuestra calificación a Platino. Recuerdo que el reconocimiento lo tuvimos en la convención en septiembre de ese mismo año.

Cuando inicié el negocio, uno de mis temores era hablar en público, pues no me sentía capaz de tener la seguridad para hablar. Subimos al escenario y sólo dijimos nuestro nombre y de dónde veníamos, ¡para mi alivio!

Después que terminó la convención en Reno, Nevada, regresamos a nuestra casa para seguir trabajando el negocio y en mi trabajo regular de construcción. Así pasaron varios días hasta que, estando en el trabajo, recibí un mensaje de mi esposa diciéndome que tenía una sorpresa, pero hasta que yo llegara a la casa no me la iba a contar.

Realmente no me imaginé qué podría ser, así que seguí trabajando. Ya en la tarde como a las 4:30 p.m., llegué a la casa y me encontré a Lucía con una sonrisa de oreja a oreja. Me dijo, «Juan, mi sueño será hecho realidad! Nos han dado el tremendo privilegio de dar nuestro primer seminario».

Yo sentí que un escalofrío recorrió todo mi cuerpo y sólo atiné a contestarle, «Pues será tu sueño pero el mío no». Entonces la tranquilidad que yo tenía en ese momento se esfumó. Tuvieron que pasar varios días para poder asimilar esta noticia.

Después de haber superado el susto de la impresión, comenzamos a platicar lo que teníamos que hablar en el seminario que por cierto fue en Tacoma, Washington, en el mes de diciembre.

Aún recuerdo cuando llegamos a Tacoma el sábado por la mañana. Como era invierno estaba muy frío. Salimos del avión para ir a la sala del equipaje para buscar a los anfitriones. De pronto recibí un mensaje de ellos: Ya nos estaban esperando. Nos recogieron y nos llevaron a comer. Por la tarde llegamos al hotel para descansar, pero casi toda la noche no pude dormir por los nervios.

El día siguiente en la mañana, fuimos a desayunar con los anfitriones, pero yo sentía que el reloj avanzaba más rápido de lo normal. Regresamos al hotel para alistarnos y salir al salón para iniciar al seminario.

En cuanto nos presentaron comenzamos a caminar directo al escenario. Mi cabeza la sentía caliente, pero como siempre a los oradores los reciben con porras, las porras me dieron ánimo para continuar.

Yo veía a Lucía muy sonriente y me dije, «Bueno, si algo no puedo decir o se me olvida, dejó a Lucía para que ella lo haga», al fin que a ella le encanta hablar.

Comenzamos a impartir la información. Inició Lucía y después de un tiempo me tocó a mí hablar. Ahí estaba yo enfrente de alrededor de 200 personas con un micrófono en la mano y un montón de ojos mirándome directamente. Pensé, *Qué diferente es estar sentado aprendiendo a estar en el escenario compartiendo.* Recordé los primeros seminarios que asistí, donde los oradores hablaban muy bien y el impacto de sus palabras había causado esperanza en mí, pero ahora sentía cierto temor por la gran responsabilidad.

Entendí que parte de tener resultados es un día estar hablando con mucha gente. Entonces tomé aire y comencé a hablar. Al principio sentía mucho nerviosismo, pero como fue pasando el tiempo, me enfoqué en las notas que hice y como era información sobre las técnicas que ya habíamos comprobado en nuestro negocio, se me olvidaron los nervios.

Después, en la segunda parte, como se trataba de la historia, ahí sí, prácticamente no me acordé de mi temor de hablar con la gente y al ver el impacto que causó nuestra historia eso nos llenó de alegría y satisfacción a tal punto que me di cuenta que el atrevernos a vencer nuestros temores va ayudar a que más personas también se atrevan y se den cuenta que también pueden.

Te animo a que te atrevas a compartir con otros tu experiencia—lo que has aprendido. Muchas veces nos excusamos con nuestros temores, pero he comprendido que esa es una actitud egoísta, pues pensamos más en nuestra comodidad que en el bienestar de los demás aunque sabemos que tenemos una información muy valiosa que compartir. Sólo es cuestión de prepararnos, ayudar a muchas personas—eso es lo que nos da fuerza. Y si nosotros hemos podido, tú también puedes.

*Juan Sánchez*

# En sus zapatos

Recuerdo que cada vez que Carlos, mi esposo, mostraba el plan de negocios yo tomaba notas. No tanto para aprender —al contrario— cuando él terminada y nos encontrábamos a solas en el carro, yo empezaba a decirle todas las cosas que pensaba que necesitaba mejorar. Incluso le decía, «Carlos, te paraste mal», «dijiste tal palabra tantas veces» … y él sólo me escuchaba sin decir palabra y al final, cuando yo terminaba, de su boca solo salían las palabras, «Está bien, Julie». Eso pasó muchas veces.

Una mañana muy fría, no solo porque era invierno sino también porque el día anterior había nevado en Yosemite, podía sentirse el frío en la cara cuando caminabas. Antes de irse a trabajar, Carlos me dijo, «¿Qué vas a hacer hoy?»

Yo le contesté, «Creo que voy a ir a encuestar».

Él me respondió, «Me avisas para mostrar el plan de negocio». Sin decirme más, me dio un beso y partió a su trabajo. En cuanto él se fue, arreglé a mi hija Emma y la llevé con mamá para ir a buscar personas para mostrarles la oportunidad.

Cuando comencé a hacer encuestas esa mañana, sólo me tomó dos puertas para que a la tercera me abriera una conocida mía de la escuela. Ella es árabe y tomamos clases de ESL (inglés) juntas. Cuando abrió la puerta me reconoció de inmediato y dijo, «Hola, ¿cómo estás?». Muy emocionada las dos, por unos minutos se me olvidó a lo que había ido.

Cuando me di cuenta ya me encontraba sentada en la sala de su casa tomando un té delicioso. De repente me acordé lo que andaba haciendo porque ella me preguntó, «¿Y qué haces?»

Fue cuando le dije, «Tengo una oportunidad de negocios que me gustaría mostrarte», y ella de inmediato me respondió, «Claro que sí, yo ando buscando algo».

Le comenté que regresaría en la noche con mi esposo. De inmediato, ella me manifestó, «No, es que mi esposo no está, y yo no recibo hombres en casa si él no se encuentra». Cuando terminó de decirme eso mi amiga, tomé mi teléfono y le marqué a Carlos. Le expliqué lo que estaba pasando y Carlos sólo me dijo, «Tú puedes, amor».

Colgué el teléfono y le dije a mi amiga, «Voy al carro y ahora regreso». Cuando entré nuevamente a su casa, llevaba conmigo la pizarra y dentro de mí me repetía, *Julia, tú puedes*.

Comencé a sacar la pizarra de la bolsa y puse las patas a un lado. Era la primera vez que iba a dar el plan. Tomé las patas de la pizarra y comencé a tratar de apretarlas. Después de unos minutos no pude; me rendí porque mi amiga no me dejaba de observar y yo comenzaba a sudar como si fuera pleno verano. Terminé poniendo la pizarra encima del sillón que quedaba enfrente de mi amiga.

Cuando iba a comenzar a explicar el plan de compensación mi mente se quedó en blanco, no recordaba nada, sólo sudaba y sudaba; comencé a hablar incoherencias. Mi amiga sólo me miraba con lástima. Yo por dentro decía, *Trágame tierra*; sentía tanta vergüenza que le dije a mi amiga, «Bueno, piénsalo y me avisas». Hasta la fecha de hoy creo que sigue pensando.

Ese día tuve una gran enseñanza. Yo estaba confiada que sabía pero no fue así. Yo había criticado tanto a Carlos sin darme cuenta el gran esfuerzo que era estar en sus zapatos, parado enfrente de otra persona para explicarle otra forma de vivir.

Dentro del negocio vas a estar rodeado de muchas personas diferentes. Te recomiendo que antes de criticar te evalúes a ti mismo. A veces estamos más pendiente de las equivocaciones de los demás que de las cosas buenas. Cuando escuches a otros hablar en público en cualquier evento ponte en sus zapatos y verás que tu pensamiento puede cambiar.

Hoy entiendo que todos pasamos por un proceso de aprendizaje y que cada persona tiene una forma de comunicarse diferente a las demás, es eso lo que nos hace únicos. «No critiques, y no juzgues».

*Julia Calderón*

# Obstáculos superados

¿Alguna vez has sentido que no se puede vivir más juntos como pareja? ¿Has sentido que todo está perdido?

Muchas veces yo me sentía así—como en un callejón sin salida. La única salida que encontraba era la separación.

Un día recibí una llamada de mi tía Mauricia preguntándome, «¿Cómo estás?». Ella sabía que entre mi esposo y yo no estaban las cosas bien pues en mi familia había mucha comunicación. Le contesté, «Bien» (fingiendo que todo estaba bien).

Gracias a Dios que ella me preguntó, «¿Es cierto que tienen muchos problemas con tu esposo?»

Le contesté, «Sí».

Me dijo, «¿Ya buscaron ayuda?»

«Sí, tía», le respondí, «pero la espera es de cuatro meses para recibirnos y el costo es alrededor de $400 dólares por consulta».

Me preguntó nuevamente, «¿De verdad están buscando asesoría marital?»

«Sí, tía», le insistí.

«Yo conozco unas parejas que se dedican a ayudar a personas con situaciones similares a la de ustedes», me dijo.

«¿Cuánto cobran?», le pregunté.

«Ellos no cobran, es gratis.»

En esos momentos yo sentía que ya todo estaba perdido, que no había esperanzas. Se lo comenté y ella me respondió que para el Dios que yo conozco no hay nada imposible. Me dijo, «Trata, nada pierdes».

Le contesté que le iba a comentar a mi esposo. Colgamos y cuando llegó mi esposo le comenté que mi tía conocía unas personas que podían venir a la casa a darnos asesoría marital.

Pasaron algunos días cuando por fin decidimos aceptar la ayuda de mi tía. Gracias a Dios por haber usado a mi tía para que sembrara la semilla de la esperanza y fe. Comenzamos a escuchar los consejos de las personas y Dios comenzó la obra en nuestro matrimonio. Actualmente nuestro matrimonio se encuentra más sólido que nunca.

Cuando pases una situación difícil, busca ayuda. En esta oportunidad hay muchas personas que han vivido problemas y han encontrado soluciones. Debemos estar dispuestos a escuchar y saber a quién hacer caso. Este consejo te puede servir para todas las áreas de tu vida: problemas familiares, financieros, emocionales, hasta de salud.

Recuerda todo reto o circunstancia se puede superar buscando información correcta. Nunca busques información con alguien que está en una situación igual o peor que las tuyas, sino busca asesoría con alguien que ya la superó y salió vencedor.

*María Arteaga*

# Parte 6
## *Semillas de Amor*

# Mientras aprenden a volar

Estoy aquí sentada frente a mis recuerdos. Encontré algo muy especial en mi vida que había olvidado por completo, pero ahora quiero contarles. Viajen conmigo al año 1997.

Puedo revivir como si fuera ayer una conversación que tuve con mi hermana Ofe, en la casa de mis padres. Había nacido la segunda de mis hijas. Durante todo el embarazo había estado preocupada por el desarrollo de mi bebé y me había preguntado si yo sería capaz de salir adelante si mi hija no nacía sana. Sé que algunas mujeres se pueden identificar conmigo, había sentimientos encontrados. Quería ver al bebé y saber cómo era, experimentaba felicidad y a la vez incertidumbre, y mucho miedo. Nació Judith, gracias a Dios ella nació hermosa y sana.

Meses después fuimos de vacaciones a México y nos quedamos en la casa de mis padres. Ahí comenzó la plática con mi hermana; ella también tenía un bebé al cual llamó Jesús. Nació con síndrome de Down. Le pregunté a mi hermana como se sentía y qué había pasado por su mente cuando le dijeron que su hijo había nacido con síndrome.

Ella me miró a los ojos y me dijo, «Mira, escuché el llanto de mi hijo y pregunté, "¿Está bien mi bebé?"». La enfermera se acercó, me miró con tristeza, y dijo, "Señora, lo siento. Su bebé nació con síndrome de Down". Yo sólo la miré y le pregunté, "¿Está vivo?". Al responderme que sí, eso fue suficiente para mí.

Cuando lo trajeron, lo tomé y miré que era hermoso. Lo abracé contra mi pecho y le dije, "Te voy a cuidar y a proteger, prometo nunca hacer ninguna diferencia contigo y tus hermanos"».

Cuando ella me contaba esto, tenía a su hijo en sus manos y una tremenda sonrisa en su rostro. Nunca la miré derramar una sola lágrima de tristeza.

En ese preciso momento entendí que las madres aman incondicionalmente. No hacen diferencia entre sus hijos, pero saben que algunos hijos necesitan más ayuda o cuidado. En ese trayecto que mi hermana recorrió, he mirado el esfuerzo y dedicación hacia su hijo. La promesa hecha a su recién nacido la ha cumplido y hasta ha dado el extra. No lo trata diferente, le da las mismas tareas y responsabilidades que a los otros hijos. Por mi parte hoy en día tengo cinco hijas; veo que se parecen en lo físico, pero ninguna es igual. Quieren cosas y proyectos diferentes, pero las amo por igual. Ahora puedo ver con más claridad lo que años atrás mi hermana me explicó.

Los invito a valorar la familia que tenemos y a que disfrutemos cada instante al máximo. Los hijos son prestados; estarán con nosotros mientras aprenden a volar.

*Elvia Adame*

# De generación en generación

Parecía que iba a ser un día común como todos los demás—había un clima agradable. Yo tenía 18 años de edad. Me encontraba en casa ese día.

De pronto, decidí ir a buscar a mi mamá para hacerle una pregunta. Subí a buscarla a su recamara, y al llegar a su cuarto, me percaté que la puerta estaba abierta. Me asomé lentamente, y mire a mi madre sentada al borde su cama, de espalda hacia la puerta. No quise interrumpirla ya que estaba muy atenta mirando algo fijamente con gran interés. Yo no podía observar que era, así que con gran curiosidad me decidí a investigar qué pudiese ser aquello tan cautivador que le absorbía su atención.

Me aproximé a ella, y pude mirar que era algo de color amarillo, y al encontrarme parada frente a ella, pude percatarme que era un papel escrito.

Le pregunté, «Ma, qué es eso?».

Ella volteó para fijar su atención en mí y con una sonrisa pícara me respondió, «Es una carta que tu papá que me escribió hace ¡uuuuuuuyyy!, años atrás cuando éramos novios».

Cuando escuché eso, casi me voy para atrás, pues no lo podía creer. Pensé en mis adentros, *¿Mi papá te escribía cartas?*

Jamás me lo hubiese imaginado. No creía que mi papá, siendo ellos novios, le escribiera cartas de amor, y para mi sorpresa, no era solo una carta que él le había escrito, pues al costado de mi madre sobre la cama había un manojo de cartitas dobladas. Todas eran cartas de mi papá para ella, y algunas de ella para él. Me sorprendí bastante—mi corazón se regocijó como con un cierto orgullo de pensar en el gran amor que desde su noviazgo se tuvieron. Era algo muy romántico.

Por suerte mi madre me extendió una carta y me hizo la invitación a leerla. Con nerviosismo empecé a leerla. Las palabras allí escritas de mi padre parecían las de un poeta romántico—cada palabra me hacía suspirar. Cuando finalicé de leerla, despertó en mí un deseo de poder quedarme con ellas algún día. Así que le pregunté a mi mamá, «Ma, ¿será que un día yo pueda tener estas cartas?».

Ella me replicó, «Sí, a lo mejor, sí».

Pasaron cinco años. Ya había iniciado una nueva etapa en mi vida, que fue la bendición de haberme casado. Así que una mañana de abril nos preparábamos para festejar mi cumpleaños. Mi esposo había preparado una salida para almorzar en un restaurante, en compañía de mis padres y algunos amigos. Fue un día muy lindo.

Al llegar la tarde, ya de regreso en casa, tuve la mayor sorpresa que haya recibido en un cumpleaños. Lo mejor de ese día estaba por venir. Recordarlo aún me eriza la piel y me hace revivir ese momento. Mi madre se acercó a mí y después de abrazarme en símbolo de felicitación, recibí de esas manos blancas y más dulces, una bolsa de regalo con destellos de diferentes colores.

Dentro de mí pensé, *¡quiero abrirlo, quiero abrirlo!* Gritaba por dentro con gran desespero pues me comía la ansia de abrir el regalo y mirar lo que había en su interior.

Me encantan los regalos. No podía esperar más, así que

disimulando tranquilidad adentre mi mano al fondo de la bolsa para saber de qué se trataba. Saqué por fin la maravilla que había adentro. Era una cajita cuadrada color café oscuro con un colibrí azul que revestía la parte del frente y enseguida del colibrí una frase que decía, «Las memorias hacen la vida hermosa».

Procedí a abrir la caja, y para mi sorpresa, era una caja musical. La canción empezó a tocar. Era la melodía más armoniosa que jamás hubiese escuchado. Era dulce para mis oídos, pero allí adentro se encontraba lo más valioso del regalo. Cartas de oro acomodadas una sobre otra. Sí eran las cartas de mis padres, que algunos años atrás había anhelado tener.

Mis ojos no podían creerlo y mi corazón palpitaba de emoción pues tenía sobre mis manos una mina de oro. Quería correr a leerlas, pero claro que esperé hasta que el día finalizará y me despediera de mis padres.

Cuando se marcharon, corrí hacia mi recamara y como una niña empecé a abrir las cartas. No sabía por dónde empezar. Esa noche reviví la historia de amor de mis padres. Esas cartas no pudieron haber llegado a mi vida en un mejor momento, pues tenía de casada solamente dos años. Esas cartas, a lo largo de estos años que llevo de matrimonio, han sido mi escudo y mi fortaleza. Me han enseñado que el amor debe ser firme en todo tiempo.

Mis padres llevan conociéndose ya 29 años y unidos en matrimonio 27 años. Sus cartas han sido la herencia más valiosa que me han entregado. Desde que eran novios en sus cartas se expresaban amor eterno y así ha sido gracias a Dios. En todo tiempo, desde el inicio, su amor ha sido firme. Yo he sido testigo desde que tuve uso de razón.

He mirado tempestades en nuestra familia. Sé que no ha sido nada fácil para ellos, ni miel sobre hojuelas. Yo he presenciado de todo en su matrimonio—desde escasez de dinero, situaciones familiares, hasta enfermedades de gravedad. Aunque muchas cosas a su alrededor en algún momento se han derrumbado, algo que jamás he mirado ni siquiera tambalear ha sido su amor entre sí. Siempre, uno al lado del otro, en las malas y en las buenas han decidido amarse. Eso me ha hecho admirarlos aún más, porque hoy que soy adulta y que yo misma decidí casarme y formar un hogar, entiendo que el matrimonio no es fácil.

Sé que esas cartas se escribieron con el corazón lleno de amor verdadero desde el inicio de su noviazgo porque gracias a Dios ninguna adversidad los ha separado. Pareciera que conocían la definición del amor. En la Biblia dice, «El amor es sufrido, es benigno; el amor no tiene envidia, el amor no es jactancioso,no se envanece; no hace nada indebido, no busca lo suyo, no se irrita, no guarda rencor; no se goza de la injusticia, mas se goza de la verdad. Todo lo sufre, todo lo cree, todo lo espera, todo lo soporta». (1 Corintios 13.4-7 RVR 1960)

Esas cartas de amor y el compromiso de mis padres durante todos estos años de matrimonio han sido la roca sobre la cual yo siento mi matrimonio todos los días. Sus cartas también me han dado el respaldo para seguir adelante y mantener un amor firme en todo momento, para que así al igual, mi esposo y yo podamos ser ejemplo para nuestros hijos y para toda la descendencia que vendrá detrás de nosotros. Esas cartas las seguiremos pasando en mi familia de generación en generación como un legado de amor perdurable que resiste toda tempestad.

Yo le invito a usted querido(a) lector(a) a que juntos reflexionemos en esto, «¿Qué imagen estamos dejando en el corazón y en la mente de nuestros hijos? ¿Y qué herencia familiar le entregará usted a sus hijos?». Sé que somos capaces de planificar dejar algo bueno para quienes nos siguen.

*Aveline García*

# Dentro de ti

Las decisiones de cambio que tomes hoy marcarán la diferencia en tu futuro.

Me encontraba sentada aquella tarde en la sala de mi casa, en el sofá frente a la puerta de entrada. Tenía seis meses de embarazo, con una gran panza; dentro de mi tenía a mi primera hija. Ansiosa esperaba que mi esposo llegara. Él llegaba todos los días a la misma hora pero ese día se le había hecho un poco tarde. Esa fue suficiente razón para yo molestarme.

Escuché como abría la puerta. Me miró, desde la entrada, y sonrío, pero yo lo ignoré. Recuerdo que me levanté y rápidamente intenté reclamarle su retraso, ofendiéndolo, diciéndole malas palabras, levantando la voz. En ese instante él se acercó a mí, me miró fijamente a los ojos y dijo, «Si yo nunca te grito, no me grites; nunca has escuchado de mí una mala palabra así que no me las digas. Yo siempre te he respetado y así quiero que sigamos».

Él se fue a bañar y yo me quedé en total silencio, reflexionando, pensando que tenía razón, pues no era razón suficiente para estar yo tan molesta. Él siempre me ha demostrado ser un buen hombre dedicado a su hogar; no tenía por qué actuar así.

Esa fue la primera y última vez que actué así. Hoy en día agradezco mucho a mi esposo, porque eso nos ayudó a tener un matrimonio mucho mejor, donde siempre ha habido respeto y confianza.

De las dificultades nacen las decisiones de mejorar. Aquel día de dificultad decidí que tenía que cambiar, que no estaba correcto que actuara así. No dejes que el enojo haga que uses palabras o un tono inadecuado con tu pareja.

Toma decisiones todos los días que te lleven a mejorar tu relación con tu pareja. La decisión de mejorar está dentro de ti—descúbrela.

*Alma Moreno*

# Cartas de amor

Era una tarde soleada del mes de mayo. Todavía recuerdo cuando fui a la tienda de abarrotes que también se usaba para distribuir la correspondencia, ya que era una pequeña comunidad de como 200 habitantes y pues no teníamos una oficina de correo. Toña, la dueña, me dijo, «Tienes una carta». Yo le contesté sorprendida, «¿Una carta?»

«Sí, a mi hija le escribió su novio y Beto te mandó una carta a ti». Beto, era el primo de Toña. Me entregó la carta y ni del mandado me acordé. Me fui emocionada a la casa con la carta en mis manos. Llegando, leí la carta donde me pedía que fuéramos novios.

Yo conocía a Beto desde que éramos niños, y fuimos a la escuela juntos. Esa carta estaba llena de corazones y flores pintadas alrededor. De esa forma me fui enamorando de él. Le contesté y después de unos meses acepté ser su novia, pero pasaban los meses y yo me preguntaba, *¿De qué sirve tener novio si no está aquí? No podemos salir juntos.*

Además de los comentarios de mis amigas y familiares que me decían que quizás él no estaba solo en California o que los noviazgos de lejos no funcionan, me fui llenando de dudas y confusión en mi mente hasta que tomé la decisión de terminar nuestro noviazgo.

Meses después, él regresó al pueblo. Cuando lo vi deseaba no haber terminado con él. Para mi suerte unas semanas antes de que volviera a California me pidió que volviéramos a ser novios nuevamente. Yo ni lo pensé y dije, «¡Sí!».

Nuevamente fueron tres años de noviazgo por cartas y llamadas telefónicas los fines de semana. Fue una época muy bonita, y un noviazgo que terminó en matrimonio feliz.

El haber vivido una experiencia como esa me dejó recuerdos muy bellos pero también me dejó la enseñanza que cuando se quiere de verdad y se tiene confianza, no importa la distancia ni el tiempo.

Espera y sé paciente. Si deseas algo en la vida, debes perseverar a pesar de las barreras que se te presenten en el camino. Mira mi hermosa recompensa: ¡Un matrimonio feliz!

*Beatriz García*

# Agarrando el sartén por el mango

Cuando entramos a la etapa de ser adolescentes, sabemos que es una etapa de cambios y para mí esos cambios no fueron todos de mi agrado, porque iban juntos con una responsabilidad que no era para una joven de once años.

Mi mamá se miró en la necesidad de tener que salir y trabajar fuera de casa para ganar dinero y sacarnos adelante a mis hermanos y a mí. Nosotros teníamos a nuestro papá, pero en ese tiempo él no vivía con nosotros y tampoco nos ayudaba económicamente.

Un día mi madre habló conmigo y me dijo, «Vas a tener que hacerte responsable por tus hermanos porque eres la más grande de los cuatro. Tendrás que atenderlos, hacer la comida y dársela». Se me hizo mucha responsabilidad para mí sola pero sabía que lo tenía que hacer.

Aunque había necesidades, no sufrimos porque jugábamos mucho con los vecinos de mis abuelos. Mi mamá regresaba ya en la tarde de su trabajo. Nos poníamos muy contentos al ver que mi mamá ya estaba con nosotros.

Nunca olvidaré las palabras que ella me decía, «Mija, me da gusto que me ayudes, me siento orgullosa de ti». Me hacían sentir muy bien.

Hoy en día te puedo decir que aunque fue difícil, agradezco

a Dios porque eso me trajo una enseñanza, el poder servir a los demás y ser responsable—algo que hasta el día de hoy me ha ayudado.

Te animo a que te esfuerces por hacer las cosas que no te gustan para obtener lo que te gusta. Lucha por el bienestar de tu familia y ayúdalos en todo lo que puedas.

*Lorena Gómez*

# ¡Zaz! La licuadora

Los mejores momentos de la vida no se publican, ¡SE DISFRUTAN!

En mi niñez, cuando tenía unos ochos años, mi mamá trabajaba bastante. Mi hermano y yo limpiábamos la casa, pero mami tenía mucha precaución. Dentro de lo que cabía nos dejaba la comida preparada para que nosotros ya no prendiéramos la estufa. También nos repartía el quehacer de la casa. Como yo era la más chica, pues a mí me tocaba barrer y tender las camas, y a mi hermano lavar los trastes.

Un día de verano mi hermano me dijo, «Te doy dinero si lavas los trastes».

Yo le respondí, «¡Sale! ¿Cuánto me vas a pagar?» y me puse a lavarlos pero … ¡zaz! que se me rompe el vaso de la licuadora, era de vidrio. Es algo que recuerdo como una travesura, pero ahora entiendo que por eso mi mami no me ponía a lavar los trastes—era más probable por mi tamaño que se me rompieran a mí que a mi hermano—pero en fin, en el momento nos quedamos mirándonos ¿y ahora qué le vamos a decir, qué nos va a pasar? Tuvimos miedo pero después nos quedó un bello recuerdo.

Al llegar a casa, mami no dijo nada. No nos regañó; su expresión fue solo de alivio porque no me corté con el vidrio. Aunque era pequeña, entendí que tenía que hacer las cosas con más cuidado. Cuando pienso en mi infancia y adolescencia, me doy cuenta que muchas veces somos muy intolerantes con nuestros hijos cuando los ponemos a hacer algo cuando los dejamos para ir a trabajar; corregir a nuestros hijos con amor es mucho más eficaz que tomar medidas agresivas.

Recordemos que nosotros también vivimos esas etapas. No permitamos que la rutina del día a día nos quite la felicidad de ser padres. Recuerda que sin haber ido a la universidad, todos ejercemos la profesión de educar a nuestros hijos con la sabiduría de Dios.

*Carmen Arellano*

# Conexión familiar

Lo importante de una familia no es vivir juntos, sino estar unidos.

Justamente esa frase me deja pensando en que cada día que pasaba podía mirar como mamá todas las tardes planchaba el uniforme de papá. Recuerdo un día por la tarde acercarme a mamá, preguntando, «¿Por qué papá casi no está en casa con nosotros? La mayoría del tiempo está fuera». Mamá se me acercó, me miró a los ojos y me preguntó, «¿Puedes observar este uniforme?».

Yo respondí, «Sí, sí lo puedo mirar, siempre pasas arreglando el uniforme de papá».

Siguió platicándome, «Este es el uniforme con el que tu papá sale a trabajar todos los días de guardia en la prisión del estado, para poder sacarnos adelante a toda la familia». Ese día entendí el por qué mi padre casi no estaba en casa con nosotros.

Al día siguiente llegó mi padre del trabajo y recuerdo que yo estaba en la puerta esperándolo. Cuando de repente lo miré llegar, corrí a darle un fuerte abrazo y le dije lo mucho que lo amaba y que le daba gracias por todo su trabajo y el esfuerzo que estaba poniendo para sacarnos adelante a mis hermanos y a mí.

Después, ese día me estuvo explicando un poco más de su trabajo. Pude comprender a qué se dedicaba. En esa época yo tenía alrededor de 8 años. Estaba pequeña, sin embargo, aun así me podía dar cuenta que nos hacía falta pasar más tiempo de calidad con papá y mamá. Pero gracias a esta situación me pude sentir más conectada con mis padres.

En ocasiones, como padres nos sumergimos en el afán de la rutina y olvidamos lo importante que es la comunicación entre padres e hijos. Toda situación tiene una explicación; no hay situación que nuestros hijos no entiendan. Sólo hace falta tomarte el tiempo para explicarles. Déjales saber a tus hijos a qué te dedicas, que haces al salir de casa. Comparte con ellos sobre lo que lees, dile que los amas, permite que se sientan parte de tu vida. Eso no solo permitirá que te conozcan más sino que les dará confianza para que ellos también te cuenten sus problemas y felicidades.

Atrévete a crear una conexión familiar.

*Johana Puentes*

# La regla de oro

Muchas veces escuché: *No hagas lo que no te gusta que te hagan,* pero me tomó tiempo ponerlo en práctica.

Cuando yo me junté con mi esposa a la edad de 18 años, era muy diferente con ella. Como la mayoría de los novios, era amoroso y detallista, pero ya estando aquí en Estados Unidos me junté con compañeros y primos, y empecé a agarrar malos hábitos.

Miraba a todos mis compañeros y primos que ellos le hablaban muy grosero a su esposas y yo también empecé a hacer lo mismo. Mi vocabulario no lo podía controlar. A veces lo hacía enfrente de mis primos y compañeros de trabajo sólo para que ellos miraran que yo mandaba en mi casa. Mis primos me decían, «Eso primo, no dejes que la mujer te mande».

Llegó al punto que mi esposa ya no me decía nada; se acostumbró a como yo la trataba. Comencé a pensar, *No estoy valorando a mi esposa, ella no me dice nada. ¿Por qué yo la trato de esa manera?* Sabía que estaba haciendo mal pero no buscaba cambiar.

Un día, estando dentro de esta oportunidad, uno de mis socios me dijo, «Bernabé, lea este libro, si usted lo termina pronto va a llegar a Platino». Mi deseo era muy grande; yo quería llegar a Platino pronto. El libro se llama, *Amor y respeto.*

En ese libro sólo entendí estas palabras que decían así, «Como trata a tu esposa así trataran a tu hijo o hija». Como ningún padre quiere que eso suceda, me propuse hacer las cosas diferente. Cambié mi vocabulario por completo hasta el día de hoy. Le dije a mi esposa,«Ya no te voy a tratar mal porque te quiero para toda la vida». Me he ganado el amor de mi esposa y le doy el respeto que se merece como dama.

Aprendí que, a la mujer la debemos valorar. Recordé que en mi familia también hubo casos como estos. Yo siempre pensé, *Se lo merecen, para que se porten bien con sus esposos,* pero nunca me metí, porque no sabía los motivos. Pero me di cuenta después que eso iba relacionado con malos hábitos.

Te ánimo a ti, ya seas hombre o mujer, a que valores a tu pareja e hijos. Cuida tus hábitos y tu vocabulario. Piensa en cómo se sienten cuando estás con ellos y cómo dice la regla de oro: «Trata como quieres que te traten».

*Bernabé Lagunas*

# Desfile de la libertad

Nelson Mandela dijo, «Para ser libre no se necesita solo despojarse de las propias cadenas, sino vivir de una manera que respete y potencie la libertad de otros».

Cuando tuve seis años, estábamos viviendo en el sur de California por razones del trabajo de mi papá. Recuerdo una temporada que se sintió larguísima. Mi papá fue a las afueras y no llegó a casa. Pregunté y pregunté por él pero mi mamá sólo me dijo, «Tu papá está entrenándose por la guerra».

«Y, ¿qué es una guerra?» le pregunté.

Con ojos llenos de lágrimas me dijo, «Es donde van los papás y algunas mamás a protegernos y pelear por nuestra libertad, para que podemos ser libres e ir a la escuela y vivir como queremos vivir». Sólo entendí que mi papá no estaba y que no sabíamos cuando iba a regresar.

Llegó el día que mi mamá estaba sumamente emocionada y me dijo, «Vamos al desfile, ya llegó tu papá». Las dos empecemos a brincar. Fuimos al desfile y hubo muchísima gente; gente emocionada, gritando, cantando, bailando. Un día caluroso donde el sol te toca y te empiezas a quemar, pero como iban a regresar los papás a nadie le importó; todos estaban esperando que empiece el desfile. Empezaron a gritar, «¡Libertad! ¡Freedom! ¡Libertad! ¡Freedom!» y comenzaron a salir los soldados vestidos en sus trajes de héroe, con un calorcito del sol y con gozo en la cara, lágrimas y sudor en las mejillas.

Un soldado estaba en una silla con su traje pero con su pierna reposada. Una niña de mi tamaño corrió gritando, «¡Papá! ¡Papá!» y le abrazó y los dos comenzaron a llorar.

Empecé a sentir miedo. *¿Mi soldado? ¿Mi papá? ¿Dónde está? ¿Está bien? ¿Va a llegar?* me preguntaba. El papá de la niña está lesionado, ¿y el mío? Al instante empezó la canción de Estados Unidos y vi a mi papá con el sol atrás de él, en su traje de héroe. Caminaba bien, estaba bien, y estaba llegando. Corrí lo más rápido que pude, no dejé que mi mamá me detuviera; le abracé y le olí, y empecé a llorar de emoción y de alivio.

En ese momento entendí, tan joven, que hay un precio por pagar en la vida, y sobre todo, que mi papá, mi héroe, estaba dispuesto a pagarlo. Unos papás no regresaron, pero el mío, sí. El mío me enseñó que uno tiene que luchar por su familia.

Cada día que salimos, nos vestimos con nuestro traje por la libertad de nuestras familias, los hijos y los papás. Hay un precio que pagar. Gracias a Dios, no es un precio tan grande como los soldados, pero sí, hay un precio.

Ellos, nuestros queridos, confían en nosotros cuando ponemos este traje de héroe, de campeón, que regresaremos a casa triunfantes. Les pido que cuando vuelvan a casa recuerden que la inversión que están haciendo vale su confianza. Luchen por ellos, por ser libres, para que un día, ellos te reciban en tu desfile de libertad: Cuando te jubilas de un patrón, cuando pagas la universidad de tus hijos, cuando das una vejez digna a tus padres, cuando obtienes una familia unida. Allí, en este momento celebrando tu logro, sentirás que valió el precio que pagaste.

*Marie Serna*

# El regreso a casa

Un viernes por la tarde en el año 1981, mi abuela materna con la que viví hasta los siete años en el Distrito Federal, me llevó a Puebla a ver a mis padres. Con ellos no conviví durante esos siete años, y mi abuela decidió dejarme con ellos porque tenía que empezar la escuela. En ese momento me sentí muy triste, porque iba a empezar a vivir con mis padres— eran unos extraños para mí. Mi abuela regresó al Distrito Federal, y yo me quedé confundida y con mucho miedo de no poder acostumbrarme.

Pasó un año y a la edad de ocho años miré la necesidad que mi madre estaba pasando al no tener dinero para proveer alimentos para mis hermanos, ya que mi padre estaba muy metido en los malos hábitos y no se hacía responsable de llevar los gastos de la casa.

A mi corta edad pude reflexionar por unos días en esa situación, mientras miraba que no alcanzaba el dinero y que mis hermanos lloraban por no tener que comer. De repente, se me vino la imagen de mi abuela vendiendo botanas en la calle, así que tomé una decisión. Me dije a mí misma, *Nieves, ¿por qué estás sufriendo de carencias? ¿No te sirvió lo que miraste con tu abuela? Si tú te vas a vender dulces, vas a poder traer dinero a la casa para poder comer.*

Le dije a mi mamá que me llevara al microbús y me diera dinero para comprar los dulces y que yo le iba a traer más dinero. Ella al ver la necesidad que tenía, tuvo que tomar una decisión difícil para mí. Llorando y confiando en una niña de tan sólo 8 años, me fue a guiar al microbús y me dio dinero para el pasaje y la mercancía.

Me fui con mi abuela a Distrito Federal un viernes a vender. Ella me mandaba de regreso el domingo en la tarde con 100 pesos aparte de mi pasaje. Así, transcurrieron todos los fines de semana. Esto fue repetitivo, alrededor de un año.

Al mirar que eso ya era una gran ayuda para mi mamá, empecé a llevar a mi segundo hermano conmigo. Mi abuela siempre nos daba palabras positivas. Nos decía que nos iba a servir para cuando fuéramos adolescentes, debido a que ya no íbamos a depender de nadie para poder mantenernos.

Eso me dejó una gran enseñanza porque no tuvimos que esperar a ser adultos para salir adelante. Aprendí a valorar más a mi madre, porque me di cuenta que ella me había dejado ir con mi abuela porque no quería que yo sufriera de pequeña, ni que pasara carencias a su lado al no poder proveer para mi tanto el alimento como los objetos necesarios para mi desarrollo. Ahora me siento feliz por tener la familia que Dios me dio.

Hoy en día mi madre es mi mejor amiga. En ella puedo confiar todo lo que me pasa y me escucha con mucha atención. Para todas las decisiones que ella piensa tomar, soy la única hija a la que pide sugerencias. Soy la hija más feliz y afortunada por tener dos madres que me quieren mucho.

Nunca te avergüences por lo que pasaste; que ese sea un motivo por el cual salir adelante. No te conformes con lo que tienes, lucha por lo que te mereces.

*Nieves Rufino*

# Parte 7

## *Semillas de Fortaleza*

# La decisión más difícil

Era una tarde lluviosa cuando recibí una llamada que marcó mi vida para siempre. Me avisaron que cuando mi mamá caminaba hacia la casa, había tenido un accidente. Ya se la habían llevado para el hospital.

En ese momento me preguntaba a mí mismo, *Dios mío, ¿Qué tan grave será lo que le pasó a mi mamá?* Me angustié y me puse triste, no hallaba qué hacer. Yo en ese entonces estaba trabajando en una finca cafetalera de mecánico. No tenía forma de llegar al hospital. Empecé a buscar los medios para poder ir a ver qué había pasado con mi mamá hasta que por fin encontré como ir.

Cuando llegué con mi mamá le pregunté a mi papá qué había pasado. Respondió mi papá, «Se accidentó y se fracturó su mano pero no te preocupes, el doctor ya me informó que no fue tan grave; solo necesita que le hagan una cirugía en su brazo y que repose». Se hizo lo que el doctor dijo, luego mi mamá salió del hospital y nos fuimos para la casa—ella con su brazo sin poder moverlo. Mi mamá hizo el reposo que el doctor había dicho. Pasó el tiempo pero ella decía que no sentía su brazo muy bien. Entonces siguió yendo al hospital y le decían que estaba bien.

Dos años después, su brazo empezó a empeorarse. Decidimos llevarla a otro hospital para que le hicieran un examen más profundo. Le hicieron los exámenes adecuados y vaya sorpresa que nos dimos en el hospital; fue una noticia inesperada para mi papá y para mí: a mi mamá solo le daban seis meses de vida. El doctor sugería que a mi mamá se le amputara su brazo. Imagínate como nos sentimos con una noticia tan devastadora. Fue terrible, horroroso, no había palabras para explicarlo. No podíamos aceptar lo que el doctor nos decía en ese momento. Recuerdo que mi papá me dijo, «Si no hay otra opción, tendremos que hacer lo que el doctor dice, ahora el problema va a ser decirle a ella». Cuando se le dio la noticia, puedo recordar sus lágrimas y nosotros la acompañábamos en su dolor, al saber en qué gran problema estábamos. Ella no aceptaba el resultado del examen que había dicho el doctor, pero la convencimos y se hizo la operación para amputar su brazo.

Gracias a Dios que ella aceptó; fue la decisión más difícil que hemos tomado pero la mejor decisión, porque eso fue hace ya veintidós años y hasta el día de hoy, bendito Dios, la tengo con vida. Desde ese momento dije dentro de mí que tenía que trabajar más duro para que a mi familia no le pasara lo mismo por falta de dinero.

No esperes que a tu familia le pase algo malo, más aún por falta de dinero, para que tú emprendas algo nuevo. Lucha por tu familia, porque la recompensa la vas a obtener de Dios. Encomienda tu vida en Sus manos.

*Freddy De León*

# Un milagro divino

Aún no he logrado olvidarlo, la experiencia más amarga que azotó mi vida y la de mi esposa. Puedo recordar perfectamente ese día como si fuera ayer.

Era un 6 de febrero del 2008, un día que pintaba ser normal, como cualquier otro. Yo me encontraba en el empleo, era alrededor de la 1:00 p.m., cuando mi esposa Yesenia, quien en ese mes cumpliría seis meses de embarazo, me llamó para decirme que la fuente de vida de mi frágil bebita se le había roto y que iba de camino al hospital.

Yo sentí que mi mundo se derrumbaba, porque era más pronto de lo que esperábamos. Fue en ese momento que me salí del trabajo, sin importarme nada y dirigiéndome hacia el hospital, comencé a pedirle a Dios por la vida de mi bebé. En ese instante reaccioné y pensé, *Claro, solo en estas situaciones te acuerdas de que existe Dios. Acaso esperas que te ayude cuando tú nunca has sido agradecido con Él.* Esas palabras me seguía repitiendo en mi mente mientras manejaba y lloraba sin consuelo.

Llegando al hospital, preocupado pregunté por mi esposa. Me dijeron que ya la estaban atendiendo. Una hora después me dejaron pasar a donde ella estaba, pues ya mi bebé iba a nacer.

Cuando por fin nació mi niña, la pudimos ver sólo segundos, ya que inmediatamente se le llevaron a una incubadora pues estaba muy pequeña y frágil. Me pidieron que esperara un momento afuera, pero en realidad fueron varias horas. Cuando pude ver a mi esposa, el doctor nos dijo que mi bebé tenía pocas probabilidades de vida, porque le habían encontrado una bacteria en sus pulmones. Una noticia devastadora para nosotros.

A los diez días dieron de alta a mi esposa del hospital sin la bebé, pues mi niña debía quedarse todavía más tiempo por lo delicada que estaba. Un mes después nos dijeron que mi niña ya estaba mejor y podíamos llevarla a casa, pero teníamos que seguir con ciertos cuidados. Cuando mi niña tenía ya una semana con nosotros, mi esposa notó que estaba muy mal; la miré y tenía su carita morada. Inmediatamente nos fuimos al hospital. Llegando me la arrebataron de los brazos y se la llevaron a ponerle oxígeno. El doctor la revisó y nos dijo que la situación era muy grave y que sólo un milagro podría salvarla. Al escuchar la mala noticia, comenzamos a orar con muchísima fe. Nuestras familias llegaron y con ellas las oraciones, los consuelos, los ánimos y la esperanza.

Días después, los doctores no daban crédito, ni tampoco podían explicar con su ciencia cómo era que mi bebé estaba mejorando y que solamente era cuestión de tenerla un par de meses más en la incubadora. Dos meses después, gracias a Dios, por fin pudimos llevarla con nosotros a casa.

Ya han pasado más de 10 años y mi hija está muy bien. Estaré eternamente agradecido con Dios por haber escuchado nuestra oración y haber realizado ese milagro divino.

Te invito a colocar tus preocupaciones a los pies de Dios y con fe El hará un milagro en ti también.

«¡El poder de la oración no conoce límites!»

*Eduardo Fernández*

# La ventana de la fe

Era una tarde muy calurosa de verano, en el año 1983, y nos encontrábamos en el puerto de Acapulco, México. Mi hermana Maribel y yo caminábamos como de costumbre de regreso a casa después de la escuela. Teníamos sólo ocho y nueve años respectivamente, pero debido a la falta de un padre, mi mamá necesitaba trabajar más de diez horas al día.

Lo que más deseábamos mi hermana y yo era que al llegar a casa nos estuvieran esperando como a todas las demás niñas, con una comida recién hecha y una fresca limonada. Pero al contrario, no había nadie en casa. Verdaderamente no sentíamos ganas de comer aunque teníamos hambre. No era muy apetecible comer solas la comida que mamá solía preparar en la mañana antes de irse al trabajo o en ocasiones la noche anterior. Lo que preferíamos hacer era ir a jugar y divertirnos en la calle, ya que eso nos ayudaba a pasar más rápido el día.

Esa tarde al salir, nos encontramos con los hijos del vecino de enfrente del apartamento donde vivíamos. Ellos eran Anita y Panchito, unos niños muy alegres. Jugamos por un rato cuando de repente se oyó una voz fuerte que decía, «Ya es hora de comer, su mamá preparó la comida y ya está lista, ¡vengan antes que se enfrié!». (Era la voz de su padre). Inmediatamente ellos corrieron alegres y sonriendo hacia dentro de su casa.

Yo recuerdo que me acerqué y pude ver a través de esa

ventana como se sentaban en la mesa. Tenían comunión y un buen tiempo como familia platicando, sonriendo y comiendo. Se veía que disfrutaban ese momento. Esa ventana para mí era como una ventana de la fe. A mi corta edad nunca había tenido momentos como esos, donde pudiéramos sentarnos a la mesa a disfrutar juntos—mamá, papá y mi hermana—ese cuadro se me quedó grabado en mi mente y con tristeza me dirigí a mi casa.

Esa ventana de la fe, como yo la llamaba, me daba la esperanza de que un día pudiera tener una familia igual, pero al ver mi situación y al pensar que eso no era posible para mí, esa ventana se rompía en pedazos. Me ponía aún más triste porque más tarde llegaría mi mamá posiblemente frustrada y cansada. Nunca sabía cuál sería su estado de ánimo debido al arduo trabajo y lo tarde que llegaba. Al instante recordé que tenía que cumplir con los quehaceres del hogar que me correspondían. A pesar de ser tan pequeña, ya había aprendido a lavar los trastes, barrer, trapear el piso y a hacer sola mi tarea aunque me costaba trabajo. Sólo deseaba que llegara mi mamá y se pusiera contenta, pero esa incertidumbre se desaparecía al salir de nuevo a jugar. Al final era una niña y como tal, mi corazón no guardaba malos sentimientos; sólo guardaba sueños y anhelos de que algún día pudiera cambiar esa situación.

Aprendí a vivir con lo que en ese momento mi mamá pudiera darnos. Yo la veía como luchaba mucho por traer comida a casa, por comprarnos zapatos y ropa. No había suficiente dinero para gustos, salidas a pasear o juguetes, sin embargo aprendí a ser creativa, a usar mucho mi imaginación para poder divertirnos y pasar esa etapa que en el fondo de mi corazón sabía que sería temporal y eso me ayudó a vivir con esperanza. Sabía que cuando creciera todo iba a ser diferente.

Aprendí a valorar el esfuerzo de mi mamá, a ser responsable y trabajadora, a ganarme las cosas que quería y no esperar que me dieran nada gratis, porque todo lo que se quiere en la vida tiene un precio y sacrificio pero vale la pena. También me quedó la lección de que hay que luchar por la familia; ver a mi mamá pelear por nosotras me llenaba de coraje por lograr mis sueños.

Gracias a esta experiencia veo la vida a través de la ventana de la fe. La fe hizo que yo pudiera estar ahora al otro lado de la ventana comiendo, platicando y disfrutando con mi esposo y mis hijos.

Nunca pierdan la alegría de vivir la vida con fe y esperanza de un mejor futuro y de ser feliz, pinta tu cielo de esperanza con el pincel de la fe, porque ¡todo es posible si puedes creer!

*Miriam Ortega*

# Un regalo de Dios

¡Recibe las bendiciones de quien vengan!

Esto es algo que aprendí durante una época de mi vida, cuando creía que se nos estaban negando las bendiciones.

Era una tarde de verano del mes de junio de 1990. Estábamos mi esposa y yo trabajando en una gasolinera, propiedad de mi hermano Eduardo. Ese día nos tocaba cubrir el horario de 2:00 p.m. hasta la medianoche.

Habíamos apenas iniciado el turno cuando vimos llegar a otro de mis hermanos, Ernesto y a su esposa Esther, quien tenía un embarazo de más de ocho meses. Él parecía algo preocupado y al preguntarle qué pasaba me dijo:

«La llevo al hospital porque no se ha sentido muy bien.» Norma y yo nos acercamos al auto a saludarla y a decirle que no se preocupara, que todo estaría bien.

Ya en el hospital, después de internarla y hacerle una serie de exámenes, a mi hermano le dieron la peor de las noticias. Su amada esposa tenía leucemia en una etapa muy avanzada, y por su embarazo no podían iniciar el tratamiento que se requería. Debido a esto tuvieron que provocar la terminación del mismo. Y así, al día siguiente, un 23 de junio, nació una hermosa bebé sin pelo, con unos ojos preciosos y de piel muy blanca.

Ese mismo día Norma y yo fuimos a visitar a mi cuñada al hospital y cuando entramos al cuarto donde la tenían, se encontraba rodeada de varias de sus hermanas, pero la niña no estaba ahí ya que la enfermera se la acababa de llevar. Por lo que ella inmediatamente que nos miró y le pidió a una de ellas que la regresaran al cuarto. Cuando su hermana regresó, traía en sus brazos a esta hermosa bebé envuelta en una cobijita color rosa. Intentó dársela, pero ella mirándonos a nosotros le dijo a la enfermera,

«No, dásela a Norma».

Ese fue un momento mágico para mí. Aún puedo ver la expresión en el rostro de mi esposa cuando escuchó esa frase, se volvió a verme sorprendida y de pronto la veo extender sus brazos para recibirla. ¿Cómo podíamos imaginar que en ese momento se escribía un nuevo capítulo de nuestra historia? A nuestra vida estaba llegando no una, sino dos bellas bendiciones. Nos volvimos hacia mi cuñada y ella con una gran sonrisa en su rostro, pero con una mirada triste dijo, «Ricardo y Norma, sé de la gravedad de mi salud, y es por eso quiero pedirles que si algo me llega a pasar, me prometan que ustedes se harán cargo de esta pequeña, a quien hemos llamado Michelle, y también de Esther (tenían 6 hijos, los cuatro mayores hombres y las dos más pequeñas mujeres). Sólo les pido que les hablen de mí y que a ellas dos nunca las separen, por favor. ¡Prométanme que harán lo que se tenga que hacer para cumplir mi deseo! Ni siquiera pudimos hablar, la emoción no nos lo permitía, pero sé que ella pudo ver en nuestra mirada ese compromiso de que no le íbamos a fallar.

Al cabo de unos meses, y de intensos tratamientos, le permitieron salir del hospital, para que pudiera celebrar el primer y único cumpleaños que ella iba a poder disfrutar con su bebé Michelle, ya que un mes después, en julio de 1991, lamentablemente ella partió. Cada día de nuestras vidas agradecemos el hermoso regalo que nos dejó, estas dos niñas con quienes aprendimos a ser padres.

Cuatro años después nació mi hijo Ricky. Y debo decir que entre ellos nunca hemos hecho ninguna diferencia, ya que para nosotros los tres son nuestros hijos, y como dice mi esposa, «Son un precioso regalo de Dios».

Esto nos enseñó que puedes estar cruzando por situaciones o retos difíciles, y mirar sólo oscuridad, pero poco a poco, agarrándote de tu fe, la luz se hace presente y puedes ver lo que hay más allá de eso.

*Ricardo Sandoval*

# Tira la basura

¿Alguna vez alguien se ha sentido injustamente señalado, o culpado por algo que no cometieron? Pues yo he estado en esa situación. A continuación les voy a contar con detalle.

Una mañana fresca, de esas pocas veces que mi mamá nos dejaba salir a jugar con una amiga que tenía, pasó algo que me marcó para toda mi vida. Imaginen esta situación, la mañana del 6 de enero, un día de Reyes; yo tenía, siete años de edad. Mi hermanito Timo, mi hermanita Cuquis y yo fuimos a visitar a unas amigas que teníamos a la tercera casa de donde vivíamos. Nosotros podíamos pasar horas y horas jugando y divirtiéndonos.

Sin embargo, en esa ocasión, mis hermanos y yo ya teníamos que regresar a casa para hacer nuestros labores, cuando de repente mi amiga Chagüis me llama y me dice, «Ten, toma, llévate mis trastecitos para que juegues con ellos».

En ese momento le dije, «No, porque tu mamá se va a enterar y te va a regañar», pero ella insistió. Total, acepté ese gesto noble que ella tenía hacia mí. En ese momento yo regresé muy contenta a mi casa, ya que yo no recibí juguetes para el día de Reyes Magos. En mi casa no teníamos juguetes, siempre jugábamos con nuestra imaginación. En mi mente están presentes esas latas de basura, y esos ladrillos. ¡Sí que hacíamos trabajar nuestra imaginación! Esos eran nuestros juguetes, ¿pueden creerlo?

Por la tarde, estando en mi casa, ayudando a mi mamá, escuchamos un golpe fuerte en la puerta negra grande que teníamos en la entrada. Salimos todos curiosamente para ver qué estaba pasando. Era la mamá de mi amiguita, quien le fue a reclamar a mi mamá, alegando que yo me había robado los juguetes de su hija. Rápidamente contesté, «No, yo no me los robé, ella me los dio para que yo pudiera jugar en mi casa». La señora seguía insistiendo, «¡TÚ TE ROBASTE LOS JUGUETES DE MI HIJA!» No me quedó otra opción que regresar los juguetes con lágrimas en mis ojos, repitiendo una y otra vez que yo no los había robado. La señora, con cara de burla, se dio la vuelta y se marchó.

Después, con lágrimas en los ojos mi madre me preguntó,

«¿Hija, pero por qué tomaste esos juguetes?» y de nuevo contesté, «¡Yo no fui, Chagüis me los dio!»

Por eso, desde ese momento siempre recuerdo las sabias palabras de mi madre, «Nunca tomes lo que no es tuyo».

Pero lo más importante es que mi madre dijo que me creía. Aún recuerdo bien ese momento que me preguntaba,

«¿Por qué mienten las personas? ¿Por qué cuando dicen algo no lo cumplen?»

Los días fueron pasando pero cuando veía a la señora me sentía muy mal, sentía que le guardaba rencor en mi corazón. Tiempo después, yo perdoné a la señora que me juzgó, poco a poco dejé de sentir coraje al verla.

Hace algún tiempo leí un libro del autor John Maxwell que me ayudó a comprender mejor esa situación que viví en la infancia. El autor menciona que un día, la señora Betty (secretaria del señor Maxwell) le preguntaba al señor Maxwell, «¿Por qué me siento agotada, cansada?» Él sabiamente le dice, «Porque tú estás permitiendo que la gente que se acerca a ti venga a tirar solo basura al cesto y como no tiras esa basura, se echa a perder». Esta reflexión me ayudó a comprender qué en la vida es necesario depurar las situaciones de conflicto, y sobre todo, recordar que el perdón es la llave de la felicidad.

No sé qué situaciones hayas pasado en tu vida. Tal vez guardas rencor hacia alguien que te lastimó en el pasado. Pidamos a Dios que nos ayude a limpiar nuestro corazón y nos enseñe a perdonar. Reflexiona en estas palabras:

*«Perdonar es liberar a un prisionero y darte cuenta que el prisionero eras tú.»*

**Lewis B. Smedes**

*Laura Sánchez*

# Casa en llamas

Imagínate estar en la casa en la que tus papás te han criado, donde se han grabado tanta memorias, una casa con paredes que tienen retratos de momentos muy especiales, con un pasillo lleno de diplomas y reconocimientos, un lugar donde toda la familia, tíos y primos se reúnen cada tarde para disfrutar juntos;

Imagínate que tú sales ese sábado por la tarde a pasear, solamente porque tus amigas te invitaron, ni siquiera porque tú lo habías planeado o porque te sintieras con ganas de hacerlo y que no han pasado ni quince minutos estando fuera, cuando una nube de humo negro aparece en el cielo.

En ese momento mis amigas y yo nos preguntamos, ¿De dónde viene esa nube? Una de ellas contesta, «¡Es la casa de Norma! ¡SE ESTÁ QUEMANDO!». Con angustia y desesperación corrí. Al llegar, Elena, nuestra vecina me detuvo, no me dejó entrar, sólo escuché que me dijo:

«Tus hermanos están bien, están en mi casa», y me llevó con ellos.

Luego apareció una ambulancia y nos subieron en ella. Yo todavía no había visto a mi mamá, sólo escuchaba los bomberos y a la gente gritando, corriendo, buscando agua.

Por fin el fuego se apagó. Fue cuando nos dejaron salir y nos encontramos con mi mamá. Recuerdo verla llorando, asustada, pensando que mi hermano Omar estaba dentro de ese fuego. Cuando me salí de la casa, se había quedado mi mamá y mis tres hermanos ahí y unas amigas de ella que estaban haciendo tamales. Ellas no supieron ni lo que pasó, sólo que mi hermano fue y dijo, «¡Hay lumbre en mi ropero!». En ese momento todo empezó a arder. Es por eso que mi mamá ni siquiera se dio cuenta dónde estábamos nosotros o si alguien estaba ahí adentro. Cuando todo se apagó y se fueron los bomberos nos buscó, y al encontrarnos, nos abrazó. Ya sin poder hacer nada, las personas que estaban ayudando se fueron retirando y fuimos quedando solos, mi mamá, mis dos hermanos y yo.

Más tarde, a las 11:00 p.m., llegó mi papá y mi hermano Pablo, volviendo del trabajo. No había quedado nada de la casa, sólo unas paredes ahumadas. Todo había sido tan rápido. En treinta minutos la casa y todo lo que en ella había, desapareció. Mi papá no podía creer que el trabajo de 14 años se hubiera esfumado en unos minutos. Esa noche amanecimos en la banqueta; mi papá sentado en un barril de agua ya vacío y nosotros a su alrededor. Nunca había visto llorar tanto a mi papá como ese día.

Al amanecer, llegó mi tía María y nos llevó a su casa. Era un nuevo día. Todo empezaba otra vez; los vecinos nos ayudaron con ropa y comida. A la semana siguiente el tío Esteban nos prestó su casa para vivir mientras que mi papá construía otra vez un lugar para nosotros.

Siguió llegando más ayuda, tanto material como emocional, tanta ayuda que sentimos recibir más de lo que habíamos perdido. Sólo había sido una noche de dolor. Mis padres llenos de fortaleza nos dieron un gran ejemplo y nos pusimos a trabajar. Pablo, mi hermano, ya no siguió estudiando la secundaria para irse de tiempo completo a trabajar con mi papá. Yo seguí estudiando y trabajando para ayudarles.

Al cabo de un año, gracias a Dios, la casa ya estaba nuevamente construida y nos pudimos ir a vivir ahí pero esta vez, no a una casa con techo de madera, sino con losa de cemento pues mi papá ya no quería volver a tener el riesgo de que se volviera a quemar.

De esa experiencia aprendí a no depender de lo material, que una casa se puede construir con ladrillos pero un hogar se construye con amor.

No sé si en este momento tú estés perdiendo algo, recuerda, mientras hay vida hay esperanza, puedes caer y llorar por un momento pero no te quedes ahí. Levántate y sigue. ¡Vuelve a construir! ¡Vuelve a crear! Lo mejor está por venir. Con fortaleza, esperanza y buena actitud todo se puede construir nuevamente.

*Norma Rodríguez*

# El comienzo de un camino

En una comunidad pequeña de unas cuarenta casas en el estado de Jalisco, México, comenzó la historia de una pareja que tuvieron nueve hijos.

La vida tiene pruebas unas dulces y otras agrias. Esa familia después de haber tenido tanto en abundancia les tocó vivir unos cuantos años con muchas limitaciones. Esa madre con sus primeros cinco hijos comenzó un camino donde la vida le mostraba la otra cara de la moneda. El hermano mayor contaba que a sus 10 años de edad en una tarde nublada con mucho viento se dirigían contentos a un pueblito pequeño. Él acompañaba al padre a una tiendita a comprar pan y otras cosas que su madre les había encargado. Caminaron varios kilómetros para llegar a esa comunidad cerca de Ocotlán, Jalisco.

La tentación por el alcohol le ganó a su padre. Esa tarde fue el comienzo de un nuevo camino que la vida tenía para esa madre y sus cinco hijos. Sucedió lo inesperado: Unos siete individuos con apariencia de pistoleros iban pasando y miraron la oportunidad y trataron de quitarles lo que traían. Al reusarse a entregar lo que tenía se hicieron de palabras y usaron las armas hiriendo de muerte a su padre con trece balazos en todas partes de su cuerpo. El niño asustado echó a correr en su caballo a una distancia muy lejana, donde su madre y sus cuatro hijos los esperaban para darles de cenar. El niño asustado le contó a su madre lo que había pasado.

La señora sin pensarlo corrió sin descansar hasta llegar al lugar de los hechos y sus hijitos le siguieron. Desesperados, buscaban el cuerpo de su esposo y no lo encontraban. Los maleantes después que el señor estaba agonizando lo arrastraron a caballo. Después de tanto buscar, encontraron el cuerpo tapado con plantas parecidas a un nopal. Una triste escena para esa familia.

En el pueblito había un señor que los conocía y se ofreció a llevar el cuerpo en su troca al hospital más cercano. Manejaron de prisa por un camino de tierra dejando atrás una grande nube de polvo. Al llegar al hospital un doctor le dijo a la madre, «Aquí no podemos hacer nada, llévenlo a otro hospital en Guadalajara».

Lo llevaron rápido a la Cruz Roja y otra vez les dijeron lo mismo. Le recomendaban que no gastaran ni un centavo, que lo que tenía lo dejara para sus hijos. La madre desesperada les dijo, «Si es por dinero no se detengan, hagan su trabajo y con la ayuda de Dios él va a vivir».

Entonces diferentes doctores hicieron evaluaciones encontrando que tenían que hacer varias operaciones de muchas horas. Tuvieron que cortar pedazos de intestinos que habían sido muy dañados por las balas, pero la fe era tan grande que la madre mantenía las esperanzas. Le fueron injertado varios pedazos y sucedió algo increíble, su estómago no rechazó los injertos que le habían hecho. Los doctores no se explicaban como podía ser posible que hubiera pasado eso. En ese tiempo la señora y sus primeros cinco hijos caminaban a pie largas distancias para tomar el tren para visitar a su esposo en el hospital que se encontraba en Guadalajara. Todos lloraban cuando estaban con él, ansiosos de pensar cuando se iba a ir a casa con ellos.

Pasaron semanas, meses y el dinero se estaba terminando. Todo lo que tenían—vacas, caballos, la cosecha, todo—se lo estaban pagando al hospital. La madre los animaba a todos diciendo, «Vamos a seguir luchando, las cosas no importan, tenemos a su padre y eso es lo que realmente importa, siéntanse contentos porque su padre aún sigue con vida».

Con esto la vida les dio una gran lección. Por fin los doctores le dieron de alta y la familia pudo llevarle a la casa. Debía seguir con su recuperación, pero estaban comenzando un nuevo camino.

Pasaron varios años y gracias a ese milagro puedo contarles esta historia pues después de este milagro, mis padres tuvieron cuatro hijos más, entre ellos, yo.

Cuando hay fe y hay esperanza siempre habrá un resultado. Te invito a mirar al cielo y confiar en Dios, no te rindas, recuerda que con fe todo es posible.

*Manuel Aguirre*

# La niña y la mochila

Tenía 10 años cuando comencé a ir a la escuela, fue una etapa muy triste para mí, porque yo en la escuela veía a las niñas de mi salón que usaban zapatos bonitos, un cuaderno de colores para cada materia y sobre todo sus mochilas nuevas. Me preguntaba, *¿Por qué yo no puedo tener cosas como ellas?*

Una tarde después de clases, llegué a casa y le pedí a mi papá que me comprara una mochila nueva. Él dijo que lo platicaría con mamá.

Al día siguiente mi mamá me dijo, «No pudimos comprar tu mochila pero en cambio te hice una mejor».

Emocionada le pregunté, «¿Dónde está la mochila?». Mi mamá fue donde la tenía guardada y me la dio. La emoción desapareció en un instante, no era la mochila como yo la quería... era una mochila hecha de tela de pantalón de mezclilla.

Mi mamá me preguntó, «¿Te gustó?»

Yo le respondí, «Sí, es muy bonita». Los primeros días tenía mucha pena con la mochila. Al final me acostumbre a mi mochila nueva. De mis padres aprendí a ser agradecida y a valorar las cosas aunque fueran de muy poco valor monetario.

En la vida podemos tomar dos actitudes: Vivir amargados,

reprochando a Dios por lo que no tenemos, enfocando nuestra mirada en lo que los demás tienen, o, vivir felices, agradecidos a Dios por lo que nos ha dado, enfocando nuestra vista en lo realmente importante: poder vivir, comer, respirar, tener una familia y tantas bendiciones más que hemos recibido.

Te invito a reflexionar y hacer una lista mental de todas las cosas por las cuales debes agradecer y te darás cuenta que son muchas. Anímate a cultivar un corazón agradecido.

*María Jackson*

# La recompensa magnánima

En un hermoso bosque con árboles frondosos y ríos enormes, vivía una oruga. Era un gusano que nadie quería.

En ese bosque todos los animales eran grandes y fuertes; todos tenían prejuicios y veían a ésta pequeña oruga como débil, en especial el Rey León. Sin embargo ella nació ahí y no tenía a donde irse.

Poco a poco fue pasando el tiempo y fue tomando fuerzas. Se propuso con mucha determinación conquistar el respeto y admiración de todos, incluyendo al más fuerte de los animales: el Rey León. La oruga comenzó a desarrollar muchas habilidades y a hacer cosas que normalmente las orugas no hacen, como nadar, subirse a los árboles, cargar objetos pesados ... hasta que el gran día llegó y se convirtió en una preciosa mariposa y con su cabeza en alto, empezó a volar.

Para su sorpresa, a pesar de todo su esfuerzo había ganado la admiración de muchos pero no del Rey. Siguió esforzándose, haciendo muchas actividades nuevas y demostrando que podía hacer mucho más de lo que él creía, y fue así que se dio cuenta que tenía cambiar de pensamiento. Ya no quería demostrarle al Rey sus habilidades sino a ella misma. Dejó de enfocarse en lo malo para disfrutar todo lo que había aprendido a hacer.

Esa débil oruga que se convirtió en una fuerte mariposa soy

yo. Nací con un padre, el Rey del bosque, que creía que si eras mujer, eras débil y no valías nada. Su deseo era tener puros varones, pero como Dios tiene el control de las cosas, tuvo tres hijas y sólo dos hijos.

Desde que nací fui rechazada, y a pesar de que mis hermanas aceptaron que las limitaran a la cocina y limpieza por ser mujer, yo no lo acepté, pues quería demostrarle a mi papá que yo podía hacer todo lo que mis hermanos hacían. Empecé a llevar a los caballos al cerro y al río, limpiaba la milpa, usaba la tarpala, cosechaba el maíz, participaba en la siembra de frijoles, buscaba la leña para cocinar y mucho más—hasta jugaba futbol descalza. Esto hacía que la gente me criticara pues no era común ver a una niña haciendo todas estas cosas.

Ciertamente los hombres y las mujeres somos diferentes pero esto no hace a uno más importante que otro y mucho menos nos debe incapacitar. Hoy doy gracias a Dios porque aprendí a hacer muchas cosas y esta experiencia me enseñó a sentirme capaz para todo, sin importar las críticas. Con los años he conocido a un padre que nos ama, a ti y a mí como somos, nuestro Padre Celestial. No te límites y recuerda, el único Rey al que debes demostrarle tus habilidades es a Dios... «...y tu Padre que ve en lo secreto te recompensará en público». (Mateo 6.6 RVR 1960)

*Elvira Cortes*

# De tragedia a bendición

¿Alguna vez te has sentido cómo si todo estuviera en tu contra? ¿Cómo si Dios se hubiera olvidado de ti?

Así me sentí yo en esta etapa de mi vida. En ese tiempo tenía aproximadamente treinta y tres años de edad y estábamos viviendo en Chicago. Estaba esperando la llegada del doctor al cuarto del hospital, me iban a hacer una cirugía en la espalda. La razón era porque en el empleo me había lastimado tratando de ser el mejor trabajo posible.

Momentos antes de entrar al quirófano estaba nervioso y tenso, hasta que llegó el anestesiólogo, me puso la anestesia y rápidamente me dormí.

Al despertarme estaba molesto y con dolor. Pasaron algunas horas para que me dejaran ir a mi casa.

Los próximos días fueron muy difíciles por tres razones: 1.- Aprender a vivir con dolor, 2.- Hacer la terapia de recuperación, y, 3.- Vencer la depresión. La razón porqué estaba deprimido fue porque desde muy temprana edad aprendí a ser independiente y autosuficiente. Cuando me lastimé de mi espalda, eso ya no era una realidad para mí. Estaba en mi casa, mientras mi esposa se iba a trabajar, y eso me dolía mucho. Mi pensamiento era, *«¿Que no se supone que el hombre debe ser el sustento de su familia?»*.

Así que al salir de la cirugía ya estaba deprimido y por primera vez en mi vida le pedí a Dios una oportunidad.

Unas semanas después, llegó la oportunidad de nuestra vida. Ahora, escucha lo que te voy a decir: Gracias a que estaba deprimido y buscando una oportunidad, pude ver la oportunidad de tener mi propio negocio y aprovecharlo, porque si la oportunidad me hubiera llegado cuando todo estaba bien, la hubiera pasado por alto. Como dice un gran líder, «A veces lo que parece malo no es malo, sino bueno».

Aprovecha la oportunidad de tu vida, y como está escrito en el Gran Libro, «Pide y se te dará, busca y hallarás, toca y se te abrirá». (Lucas 11.9)

*Max Bueno*

# En conclusión

En conclusión, esta pequeña colección de cuentos no pretende enseñarte nada nuevo. Cada escritor a través de algún episodio que Dios sembró en sus vidas que los impactó y transformó lo comparten con la intención de que tú, como lector, coseches la enseñanza. A través de las vivencias, el autor de cada episodio te comparte la revelación que Dios le dio.

Esperamos que al haber leído estas manifestaciones que para los autores han sido de gran utilidad, puedan agregar valor a tu vida, pues es por medio de la experiencia de otros que también podemos aprender.

Disfruta del campo, pues ha dado un gran fruto. Ninguna siembra cierra su ciclo hasta que es época de cosecha. Así como hay lugares donde se te invita a cosechar tu propia cubetita de cerezas, moras, o cualquier fruta de temporada. Te invitamos a que tomes lo mejor de la cosecha que Dios ha sembrado en la vida de cada autor de esta Siembra Maestra.

¿Quién es más grande o más importante? El dueño de la tierra? ¿El que prepara el campo? ¿El que siembra el campo? ¿El que riega el campo? ¿El cuida el campo? ¿O el que cosecha el campo?

La verdad es que aunque todos son necesarios, cada trabajo por su cuenta puede quedar nulo sin la voluntad de Dios. Hay que aceptar que es por su Gracia que cada parte del proceso se cumple hasta que la tierra da su fruto. La tierra es la fabrica más perfecta que existe en el universo. Nada se le compara pues la mano de Dios está puesta para que mil maravillas surjan de ella.

# Reconocimientos

A Dios Todopoderoso por darnos tanto el querer como el quehacer para llevar a cabo nuestras tareas. Este libro es una secuencia de ideas, desde la idea de poner un taller de escritura, hasta la idea de escoger varios episodios y formar esta colección. Dios es bueno.

A Jason Frenn por hacernos notar que hay muchas pepitas de oro (episodios con gran enseñanza) en la vida de cada persona.

A Isaías Guevara por las ilustraciones de los episodios.

Gracias a Moisés Galván y Denisse Alvarado por hacer la selección de cuentos.

A Editorial RENUEVO por editar este libro. Si no fuera por la dedicación de cada miembro de este equipo este libro no sería posible.